Made in the USA
Columbia, SC
09 December 2020

In.té.gri.té

Les principes de
l'éthique chrétienne

Richard M. Davis

Éditions Traducteurs du Roi

Publié en partenariat avec :
Coopérative de littérature française

Cet ouvrage est la traduction française du livre
Integrity : Principles of Christian Ethics de Richard M. Davis,
Copyright © 2016 de l'édition originale par Word Aflame Press.
Tous droits réservés.
36 Research Park Court, Weldon Spring, Missouri, É.-U. 63304
www.PentecostalPublishing.com

Traduction : Anne Marie Van den berg
Révision : Melissa et Olivier Wojciechowski, Liane Grant
Mise en page : Jonathan Grant

Copyright © 2018 de l'édition française au Canada
Publié par les Traducteurs du Roi, une filiale de
Mission Montréal
544 Mauricien, Trois-Rivières (Québec) Canada G9B 1S1
www.TraducteursduRoi.com
Sous l'égide de l'Église Pentecôtiste Unie,
36 Research Park Court, Weldon Spring, Missouri, É.-U. 63304

*Sauf indication contraire, les textes bibliques sont tirés de la
version Louis Segond, Nouvelle Édition de Genève 1979.*

ISBN 978-2-924148-50-1
Dépôt légal — Bibliothèque et Archives nationales du Québec,
2018.
Dépôt légal — Bibliothèque et Archives Canada, 2018.

REMERCIEMENTS

Merci au Ministère des femmes de l'Église Pentecôtiste Unie Internationale et au Ministère des femmes du district de Québec, qui ont commandité ce livre.

À Sharon, mon épouse bien-aimée,
une compagne avec une profonde éthique chrétienne.
À mes filles
Sharilyn, Andrea, Marla,
et leurs maris Trent, Keith et Tim.
Je dédie cet ouvrage à vous ainsi qu'à mes petits-enfants
dans l'intérêt d'un monde plus éthique,
dans lequel ils pourront vivre, aimer et travailler.

INTRODUCTION

Honnête *adj.* **1. Marqué** par ou démontrant l'intégrité; droit. **2.** Pas décevant ou fourbe; authentique. **3.** Équitable; juste. **4. a.** Caractérisé par la vérité; pas faux. **b.** Sincère; franc. **5. a.** Ayant une bonne réputation; respectable. **b.** Sans affectation; naturel. **6.** Vertueux; pudique.

Intégrité *nom.* **1.** Adhérence constante à la morale et aux principes d'éthique. **2.** Sans défaut; solidité. **3.** Dans un état complet ou indivisible; intégralité.

Le but principal du christianisme est de sauver l'humanité déchue. Dans sa nature, l'être humain est égoïste et corrompu. Il ne pense qu'à lui-même et très peu aux autres. Seul le pouvoir régénérant de Jésus-Christ peut racheter l'âme d'une personne et l'élever au niveau supérieur d'une vie abondante. L'amour de Christ peut transformer une personne égocentrique qui manque de considération en une personne ambassadrice de Dieu, désintéressée et altruiste.

Jésus-Christ était Dieu manifesté en chair, le Fils de Dieu. Il connaissait parfaitement et il comprenait la faiblesse de la chair humaine, puisqu'il a été lui-même tenté de la même manière que nous, sans pour autant avoir commis de péché (Hébreux 4 : 15). Il a connu toute une série de souffrances et de tentations humaines, et malgré tout, il a vécu une vie victorieuse et sans tache, la perfection divine. Puisque Christ a vécu dans la victoire et n'a pas succombé aux tentations du

monde, il vit maintenant en nous à travers le Saint-Esprit, donnant aux croyants la victoire spirituelle (voir Jean 16 : 33; Philippiens 4 : 13).

Néanmoins, nous sommes toujours humains et enclins à succomber à la chair si nous vivons selon nos envies et nos désirs charnels. Ceux qui marchent selon la chair sont charnels. Les personnes qui sont charnelles trébuchent et échouent, déplaisant à Dieu à cause d'un style de vie qui est contrôlé par la chair. Ce n'est qu'en marchant dans l'Esprit et en cherchant à mener une vie spirituelle qui plaît à Dieu que nous pouvons être certains d'avoir la victoire spirituelle en absence de toute condamnation charnelle (voir Romains 8 : 1-8).

Le véritable christianisme se compose de gens qui choisissent d'imiter Jésus-Christ et qui observent des valeurs spirituelles. Les vrais chrétiens décident de ne pas mener une vie charnelle et égocentrique, insouciante des autres. Un chrétien est bienveillant, aimable et s'occupe des autres comme Jésus nous a aimés et s'est occupé de nous.

Les principes du christianisme, ceux que Jésus nous a donnés et démontrés lui-même, comprennent le style de vie le plus élevé et le plus vertueux qu'une personne peut suivre. Vivre selon les principes de Christ signifie que nous adoptons un style de vie de service envers nos proches. Ces principes qui transforment la vie sont le fondement de l'éthique chrétienne.

L'un des plus grands besoins dans notre société est celui de vivre selon les principes éthiques de la conduite. Les conflits et les malentendus seraient résolus, voire évités, si nous adoptions un comportement éthique basé sur l'amour et la compassion de l'Esprit de Jésus-Christ. Où pourrions-

nous trouver une meilleure compréhension des principes éthiques si ce n'est dans la vie et le ministère de Jésus-Christ et son Église qu'il a établie il y a plus de deux mille ans?

Selon l'*American Heritage Dictionary*, l'éthique est «une série de principes de bonne conduite; une théorie ou un système de valeurs morales». L'éthique est «l'étude de la nature générale de la moralité et des choix moraux spécifiques faits par une personne; une philosophie morale; les règles ou les normes qui dictent la conduite d'une personne ou les membres d'une profession».

Il existe un code d'éthique dans chaque profession, que ce soit une philosophie des normes de conduite officielle, écrite ou pas. Il s'agit d'une conduite acceptée par les membres de cette profession, fournissant une continuité, une confiance et une harmonie pour l'ensemble de la cause et de l'effort commun. Toutefois, le comportement éthique n'est pas réservé exclusivement aux groupes professionnels et aux établissements. Chaque personne devrait également avoir un principe d'éthique personnel.

Les chrétiens obtiennent leur code d'éthique à partir de l'Écriture. Vivre selon les principes de la Parole de Dieu consiste à vivre en respectant les normes morales et éthiques les plus importantes révélées à l'humanité. La Bible nous montre la façon dont nous devons nous comporter face à chaque situation dans nos vies en nous donnant des principes de conduite morale.

Contrairement à ce que la plupart des gens pensent, la conduite éthique est le fondement et la base d'une vie vertueuse. Il n'y a pas de «situation éthique» comme certains le disent. Les situations ne contrôlent pas et ne changent pas la conduite éthique. Au contraire, les principes éthiques

enseignés par Dieu nous guideront dans toutes les situations. Les principes éthiques sont certains, immuables et durables.

Comme un phare avertit et guide les navigateurs à travers les flots dangereux, les principes de conduite éthiques nous orientent à travers les eaux incertaines des relations humaines.

Une fois que nous découvrons et comprenons les principes de la conduite éthique, nous pouvons compter sur eux pour nous diriger à travers n'importe quelle situation difficile qui nous arrive dans la vie. Non seulement les principes de la Parole de Dieu nous conduisent, mais ils nous renforcent également sur le chemin de la vie.

Il existe aussi des raisons pratiques d'étudier l'éthique chrétienne. Il est possible qu'un jour vous soyez accusé d'être malhonnête ou déloyal, et cette accusation vous blessera. Malheureusement, la vie vient avec des conflits — et les conflits viennent des différences d'opinions, des malentendus et des désaccords. Lorsque ce genre d'accusations attaque votre âme et votre esprit, il vous faut savoir avec certitude que la vie que vous menez réfute complètement cette accusation. Si tout le monde respectait le code d'éthique, il y aurait peu de cas de discorde. Et, dans le cas contraire, les gens s'efforceraient de parvenir rapidement à une entente commune avec amour et gentillesse, les uns envers les autres. Christ a enseigné cette approche, et nous devrions l'appliquer.

Nous devrions vivre d'une manière tellement éthique et affectueuse que les gens refuseront de croire ceux qui nous critiquent.

CHAPITRE 1

LE FONDEMENT DE L'ÉTHIQUE — CRÉÉ À L'IMAGE DE DIEU

Un fils honore son père, et un serviteur son maître. Si je suis père, où est l'honneur qui m'est dû ? Si je suis maître, où est la crainte qu'on a de moi ? Dit l'Éternel des armées à vous, sacrificateurs, Qui méprisez mon nom, Et qui dites : En quoi avons-nous méprisé ton nom ? (Malachie 1 : 6)

Au roi des siècles, immortel, invisible, seul Dieu, soient honneur et gloire, aux siècles des siècles ! Amen ! (1 Timothée 1 : 17)

Reconnaître et observer une véritable éthique est un problème dans notre monde. Ce n'est pas seulement un problème pour les chrétiens; c'est un problème pour tous les gens et leurs relations.

Dans l'article «*Les patrons trébuchent sur les violations éthiques et les mauvaises gestions¹*», les auteurs Gary Strauss

---

1   N.d.T : Les citations anglaises ont été traduites en français par le traducteur de ce livre.

et Laura Petrecca de *USA Today* présentent plusieurs problèmes éthiques parmi certains grands patrons :

> Le patron de Yahoo, Scott Thompson, n'était au pouvoir que quatre mois quand des révélations sur de fausses informations sur son CV l'ont forcé à démissionner... le président et fondateur de Best Buy, Richard Schulze, a démissionné à la suite d'accusations par des directeurs l'accusant d'avoir fait preuve de mauvais jugement en ne divulguant pas une relation personnelle entre le patron Brian Dunn et une jeune employée... puis le patron de Morgan Chase, Jamie Dimon, s'est trouvé sous les critiques après une bavure d'investissement bancaire de 2,3 milliards de dollars *(USA Today,* 15 mai 2012).

Dans chaque pays, parmi chaque peuple, et au sein de chaque effort humain, les gens ne respectent pas toujours un niveau approprié du code d'éthique. En examinant le sujet de l'éthique et la manière de cultiver les normes les plus élevées possible de la conduite, par où devrait-on commencer ? Peut-être en remontant à l'origine de l'être humain.

Le fait que l'humanité ait été créée à l'image de Dieu semble être le lieu approprié pour commencer une étude d'éthique. Quand une personne reconnaît le Créateur et que toute l'humanité a été créée à l'image de ce Créateur, ceci affectera sa façon de considérer et de traiter ses semblables. Nous respectons Dieu qui nous a créés; ce même respect devrait s'appliquer à nos semblables qui eux aussi ont été créés à la même image de Dieu. Ainsi, le fait d'avoir été créé à son image semble être la fondation de l'éthique humaine.

Il est assez facile pour les chrétiens d'adhérer à cette idée. Néanmoins, il y a des gens qui n'acceptent pas leurs origines et n'adhèrent pas à l'idée d'un Créateur. Ils possèdent pourtant un sens du bien et du mal à l'égard des autres. En outre, même les chrétiens qui reconnaissent le Créateur cherchent des directives spécifiques pour les aider à maintenir une conduite correcte vis-à-vis des autres. Où regarder pour se guider ?

Un chrétien se référera d'abord et surtout à l'Écriture — la Parole de Dieu — dans sa poursuite des principes pour gérer sa façon de traiter les autres. Est-ce que ces principes peuvent s'appliquer même aux non-croyants qui veulent traiter les autres avec respect ? Même si la conduite éthique ne consiste pas seulement à obéir à des lois rigides, nous pouvons néanmoins regarder nos lois gouvernementales ainsi que leur fondement afin de découvrir les principes de base pour guider notre conduite éthique.

Lorsque les États-Unis ont été découverts il y a plus de deux cents ans, le fondement des systèmes juridiques de la nouvelle nation a été inspiré du système de la Loi commune anglaise que les fondateurs connaissaient très bien. Parmi les différentes influences qui ont contribué à la loi commune, la plus grande était certainement la loi mosaïque et la loi ecclésiastique. On peut affirmer que la loi mosaïque forme la plus grande partie de la loi américaine.

Le professeur Silving (Helen Silving, professeur de droit à l'Université de Porto Rico) soutient que plusieurs documents légaux de la culture occidentale sont sans doute d'origine biblique. 'En effet, il est important de noter, et cela démontre la nature de

nos réactions vis-à-vis de la Bible, que cela soit passé inaperçu, alors que des efforts ont été faits pour relier nos documents constitutionnels aux idées des Grecs et des Romains.'

Par conséquent, la Loi commune anglaise reflète l'héritage biblique de la civilisation occidentale. Eugen Rosentock-Huessy, auteur de *Out of Revolution, Autobiography of Western Man*, a déclaré que 'La Loi commune était la loi chrétienne' (http://liberty-virtue-independence.blogspot.com/2008/foudation-of-english-common-law.html).

Chaque civilisation doit avoir une certaine base sur laquelle elle établit des codes de conduite, sous forme de lois ou principes codifiés d'un comportement acceptable. N'importe quel groupe de gens manquant un tel fondement serait primitif et non civilisé, et l'anarchie régnerait. Ainsi, croyant ou pas, une personne peut se référer au système juridique pour déterminer ce qu'est une bonne conduite. Mais, dans tous les cas, il recherche les principes qui proviennent de l'Écriture.

De plus, bien que tout le monde ne devienne pas croyant en Christ, Dieu a placé dans le cœur de chacun un sens d'attachement divin. Certains peuvent rejeter ce sentiment intérieur, ou tenter de le réaliser par le biais d'efforts spirituels, sans pour autant reconnaître le Dieu véritable. Cependant, la plupart des êtres humains reconnaissent qu'il existe quelque chose de plus grand qu'eux.

Pour le chrétien, la conscience de quelque chose de plus grand que soi conduit à la connaissance et à la révérence du Créateur qui a créé l'humanité. Lorsqu'une personne apprend

à connaître le Créateur, le sentiment d'émerveillement et de respect qui émane de lui donne le désir d'accepter Dieu et de l'honorer dans tout ce qu'elle fait (voir Proverbes 3 : 6).

Chaque chrétien désire plaire à Dieu à travers toutes ses activités quotidiennes. De même, Dieu désire recevoir l'honneur et la gloire au travers de la vie de son peuple. Mais Dieu ne veut pas recevoir l'honneur pour satisfaire un besoin personnel; le Seigneur est déjà rempli d'honneur, car il est le principe même de l'honneur. Son désir de recevoir l'honneur est basé sur le besoin humain de le reconnaître et de l'honorer. Considérez, par exemple, le psalmiste David.

David a reconnu l'honneur et la gloire de Dieu, et le fait que cette gloire de Dieu demeure toujours en lui. Par conséquent, il a associé le Tabernacle, la demeure de Dieu, au lieu où résident l'honneur et la gloire de Dieu. David a écrit « Éternel ! J'aime le séjour de ta maison, le lieu où ta gloire habite. N'enlève pas mon âme avec les pécheurs, ma vie avec les hommes de sang, dont les mains sont criminelles et la droite pleine de présents ! Moi, je marche dans l'intégrité; délivre-moi et aie pitié de moi ! » (Psaume 26 : 8-11)

Qu'est-ce que l'honneur ? L'*American Heritage Dictionary* définit le mot honneur comme ceci : 1. Un grand respect, comme celui consacré à un mérite spécial; l'estime. 2. a. Un bon nom; la réputation. b. Une source ou une cause de mérite. 3. a. La gloire ou la reconnaissance; la distinction. b. Une marque, un signe, un geste de respect ou de distinction. c. une décoration militaire. d. un titre accordé pour un accomplissement.

Dieu ne manque pas d'honneur; l'honneur émane de lui. C'est un aspect de sa nature. Ainsi, son désir pour que les humains l'honorent n'est pas basé sur l'égoïsme. Dieu

a plutôt conçu un rôle bien spécifique que l'honneur doit accomplir dans la vie humaine.

- Mener une vie honorable fait partie de la meilleure vie que nous pouvons connaître sur la terre.
- Donner l'honneur est aussi le moyen de le recevoir.
- Dieu a donné à l'humanité une mesure d'honneur comme étant la chose la plus élevée de toutes les créations de Dieu.
- Dieu désire entretenir et maintenir une présence grandissante et une expérience d'honneur dans la vie d'une personne.
- Ceux qui vivent une vie honorable finissent par rendre honneur à Dieu.
- L'homme connaît le plus grand degré d'honneur à travers la rédemption du péché — le fait que Dieu nous a tant aimés qu'il nous a rachetés.

Quand une personne connaît le salut en Jésus-Christ, elle vit l'expérience avec Christ et entame un style de vie qui honorera Dieu. Mais avant de connaître l'expérience du salut en Christ, elle doit reconnaître la grandeur et la valeur de Dieu qui mérite de recevoir toute la gloire et l'honneur en toutes choses. Comme le respect et l'amour, l'honneur fait partie de ces choses de la vie qu'une personne doit d'abord donner avant de la recevoir. Même si elle ne comprend pas complètement la grandeur de Dieu, elle reconnaîtra fondamentalement que Dieu est digne d'honneur au-dessus de toute chose.

DIEU — DIGNE D'HONNEUR

Avec moi sont la richesse et la gloire, Les biens durables et la justice. (Proverbes 8 : 18)

La majesté et la splendeur sont devant sa face, La force et la joie sont dans sa demeure. Familles des peuples, rendez à l'Éternel, Rendez à l'Éternel gloire et honneur ! Rendez à l'Éternel gloire pour son nom ! ... Que les cieux se réjouissent, et que la terre soit dans l'allégresse ! ... Louez l'Éternel, car il est bon, Car sa miséricorde dure à toujours ! Dites : Sauve-nous, Dieu de notre salut, Rassemble-nous, et retire-nous du milieu des nations, Afin que nous célébrions ton saint nom et que nous mettions notre gloire à te louer ! (1 Chroniques 16 : 27-35)

Dans la présence de Dieu, il y a la gloire et l'honneur. Lorsque nous entrons dans sa présence, nous rencontrons sa gloire et sa sainteté, et par respect, nous lui donnons la gloire et l'honneur qui lui sont dus.

Nous lui devons une énorme dette. Il est notre créateur. Nous n'existerions pas sans sa gloire, et nous ne pourrions pas continuer d'exister sans son amour et sa miséricorde suprêmes. Certains essaient de vivre indépendamment de la puissance et de la présence de Dieu, croyant ne rien devoir à qui que ce soit, mais ils se trompent. L'humanité doit tout à Dieu, son créateur, et surtout elle lui doit le respect et l'honneur.

Honorer Dieu à travers notre existence

Le firmament de la terre déclare la gloire de Dieu, car Dieu a créé les cieux et leur a donné toute leur gloire (Psaume 19 : 1-6). Comment le soleil, la lune et les étoiles rendent-ils gloire au Seigneur ? En faisant briller tout simplement la lumière que Dieu leur a donnée. Ils honorent Dieu en étant ce que Dieu a voulu qu'ils soient.

Dieu a également créé les hommes pour être des vases d'honneur et de gloire. Qu'une personne honore Dieu avec sa vie ou pas, son existence par elle-même honore Dieu. De la même manière dont les corps célestes déclarent la gloire de Dieu par leur propre existence, l'humanité honore Dieu également. En fait, l'étude du merveilleux corps humain est une étude de la gloire de Dieu. Comme le psalmiste a observé poétiquement, nous sommes des « créatures si merveilleuses » (Psaume 139 : 14). Incroyablement équilibré, avec une grande complexité, le corps humain est composé de plusieurs systèmes compliqués qui stupéfient les étudiants en physiologie.

Alors que toute la création loue le créateur en étant simplement ce qu'ils sont, il a néanmoins créé l'humanité pour un but supérieur : louer Dieu non seulement par notre existence, mais aussi *par nos actions*.

Honorer Dieu à travers nos actions

Comment glorifier et honorer Dieu ? En vivant tout simplement selon le plan de Dieu — respecter un mode de vie qui honore Christ, en adoration et en conduite.

...Poussez vers Dieu des cris de joie, Vous tous, habitants de la terre ! Chantez la gloire de son nom,

Célébrez sa gloire par vos louanges! Dites à Dieu : Que tes œuvres sont redoutables! À cause de la grandeur de ta force, tes ennemis te flattent. Toute la terre t'adore et chante en ton honneur; Elle chante ton nom. — Pause. (Psaume 66 : 1-4)

Démontrer le salut du Seigneur en menant un style de vie pieux est la meilleure façon dont l'humanité puisse louer ou adorer Dieu. (Voir Psaume 96 : 1-13.) Lorsque les gens sont rachetés de leur vie pécheresse, ils ont un nouveau chant d'allégresse et de satisfaction dans leur cœur et dans leur esprit. Ils n'ont plus envie de gâcher leur vie à faire des choses qu'ils aimaient auparavant. Ils préfèrent vivre en louant, glorifiant et honorant Jésus-Christ.

Prosternez-vous devant l'Éternel avec des ornements sacrés. Tremblez devant lui, vous tous, habitants de la terre! (Psaume 96 : 9)

Mon âme, bénis l'Éternel! Éternel, mon Dieu, tu es infiniment grand! Tu es revêtu d'éclat et de magnificence! (Psaume 104 : 1)

Dieu est incontestablement grand! Il a créé toutes choses. Quel homme mortel pourrait questionner ou renier sa grandeur évidente, que tout le monde peut voir? Il est vrai que, à un moment donné, l'acceptation de la création divine relève de la foi. Cependant, il n'existe aucune autre explication des origines de la création et de la vie humaine qui peut être comparable. Les complexités de chaque système de vie sur la planète déclarent la gloire de Dieu.

Chaque paysage majestueux glorifie la grandeur de Dieu. Par exemple, considérez le majestueux pic Guadalupe qui surplombe la plaine salée à l'ouest du Texas. Ou, contemplez les sables cristallins blancs de Miramar Beach près de Destin en Floride. Les plages de la péninsule de la Floride sont magnifiques, et Dieu connaît également le nombre de grains de sable de chaque plage. Peut-on nier la beauté de la lune quand elle est pleine, éclairant la terre comme une sentinelle la nuit ? Les comètes de l'univers resplendissent la gloire de Dieu !

Chaque système visible sur la terre déclare la gloire de Dieu par leur simple existence, accomplissant leur rôle selon le plan de Dieu. Comment l'humanité — la plus intelligente de toutes les créations — peut-elle nier sa gloire ?

Chaque invention déclare son inventeur — c'est-à-dire une personne intelligente et créative qui l'a conçue. Considérez une horloge accrochée au mur; son mécanisme consiste à suivre chaque seconde de chaque minute de chaque heure de la journée. Ceci n'est pas arrivé par hasard, quelqu'un l'a créé ainsi. Un moteur de voiture qui fonctionne à l'essence déclare son inventeur. Comment une si belle machine a-t-elle pu apparaître et comment s'est-elle mise à fonctionner avec une telle précision mécanique et un tel équilibre toute seule ? Cette idée est ridicule. Il est tout aussi aberrant de voir la complexité de ce monde merveilleux et de penser que tout ceci est arrivé par hasard par une sorte de processus d'évolution non détectable — au cours des millions d'années !

Non ! Les cieux déclarent la gloire de Dieu (Psaume 19 : 1), accomplissant ce que Dieu a voulu qu'ils fassent en les créant — suspendus à leurs propres places, gravitant dans l'ordre,

rayonnant de beauté et de gloire. Toute la gloire appartient au créateur divin. Et l'humanité devrait reconnaître et louer le créateur divin, en existant et en agissant — c'est-à-dire, en faisant tout ce qu'elle peut pour le reconnaître et l'honorer en tant que créateur ! Le Dieu Tout-Puissant mérite les louanges de la création entière ! Nul n'est comme lui. Il a créé toutes choses dans l'univers pour son propre plaisir. L'apôtre Jean a écrit : « Tu es digne, notre Seigneur et notre Dieu, de recevoir la gloire et l'honneur et la puissance; car tu as créé toutes choses, et c'est par ta volonté qu'elles existent et qu'elles ont été créées. » (Apocalypse 4 : 11)

L'HOMME — CRÉÉ POUR HONORER DIEU

De toutes les créations de Dieu, l'homme est la plus intelligente et celle qui est dotée d'un libre arbitre et d'un pouvoir de choisir. Toutefois, elle est celle qui choisit souvent de suivre sa propre voie en ce qui concerne sa vie et d'ignorer son créateur. Paul aborde le péché de l'arrogance des humains dans le premier chapitre dans sa lettre aux croyants de Rome :

> En effet, les perfections invisibles de Dieu, sa puissance éternelle et sa divinité, se voient comme à l'œil nu, depuis la création du monde, quand on les considère dans ses ouvrages. Ils sont donc inexcusables, car ayant connu Dieu, ils ne l'ont point glorifié comme Dieu, et ne lui ont point rendu grâces; mais ils se sont égarés dans leurs pensées, et leur cœur sans intelligence a été plongé dans les ténèbres. Se vantant d'être sages, ils sont devenus fous; (Romains 1 : 20-22)

L'homme n'est pas né tout simplement — il a été créé!
Il est vrai que nous sommes nés, mais cela va bien plus loin.
Lorsque nous parlons de la naissance, on pense surtout à la
procréation humaine, ou à ce que l'homme fait pour produire
la vie à travers ses descendants. Or, l'origine de l'homme
est bien plus grande et plus vaste que sa capacité de se
reproduire. Dieu a créé l'homme et il lui a donné la capacité
de procréer. Chaque être humain, en raison de sa naissance,
a un lien avec la nature éternelle, créatrice et divine de Dieu
à travers la création et la capacité de reproduire ce que Dieu a
donné l'homme. Nous sommes créés pour donner l'honneur
et la gloire au Dieu éternel! (Voir Proverbes 3 : 1-10;
Apocalypse 4 : 11.)

Ce n'est qu'en apprenant à honorer Dieu avec les
substances de notre vie (Proverbes 3 : 9) que nous pourrons
connaître le vrai sens de la vie abondante. Que signifie
honorer Dieu avec notre substance? Nous pensons à la
substance matérielle, car la phrase suivante du verset 9 dit :
«Et avec les prémices de tout ton revenu», et le verset 10
parle de l'abondance matérielle. Incontestablement, nous
devons honorer Dieu avec nos biens matériels, y compris les
prémices de notre abondance, ou le dixième — la dîme. Mais
l'auteur des Proverbes ne nous demande pas d'honorer Dieu
seulement avec notre argent et nos biens.

Une vie substantielle ne comporte pas que des
considérations monétaires et économiques. La vraie
substance de la vie d'une personne implique différents
domaines de grande importance. Lorsque nous bénissons
et honorons Dieu dans chaque secteur de notre vie, nous
l'honorons avec notre substance, et ainsi, le résultat final sera
une vie abondante en Jésus-Christ!

Par exemple, considérez deux versets du Nouveau Testament où le mot «biens» apparaît :

Jeanne, femme de Chuza, intendant d'Hérode, Susanne, et plusieurs autres, qui l'assistaient de leurs biens. (Luc 8 : 3)

Peu de jours après, le plus jeune fils, ayant tout ramassé, partit pour un pays éloigné, où il dissipa son bien en vivant dans la débauche. (Luc 15 : 13)

Ceux qui donnaient au Seigneur Jésus donnaient plus que juste leurs biens matériaux; ils donnaient leur temps et leur vie. Le fils prodigue a gaspillé bien plus que des biens de valeur en vivant dans la débauche; il a gâché une partie de sa vie. Peut-être qu'il a travaillé dur plus tard et a été capable de récupérer le bien matériel qu'il avait dilapidé. Néanmoins, il y a eu une partie inestimable de sa vie qu'il n'a pu récupérer; elle a été perdue, gaspillée et dépensée.

Nous devons bien gérer les richesses physiques que Dieu nous a confiées, et nous devons également être de bons économes concernant les substances de la vie — l'amour, la paix, l'amitié et la joie, entre autres. Nous sommes créés pour honorer Dieu avec la substance de notre vie, à son service et au service des autres. Nous l'honorons au travers de notre vie, de notre mort et dans l'éternité.

Créés pour servir
Il est surprenant que dans la culture moderne de l'Amérique du Nord, beaucoup de gens cherchent à être servis plutôt que de servir les autres. Dieu nous a créés pour servir les autres,

avec un cœur pur. Le manque de vouloir servir est à l'origine des difficultés en Amérique du Nord. Les prisons surpeuplées et les tribunaux surchargés reflètent une société qui recherche la gratification personnelle aux dépens des autres. C'est un esprit qui dit : «Par tous les moyens, j'obtiendrai ce que je veux, peu importe si je fais du mal aux gens pour y arriver!»

Bien que l'égocentrisme soit une maladie au cœur des valeurs de l'Amérique du Nord, ceci n'est pas récent et n'existe pas qu'en Amérique. Il était aussi ancré dans les cœurs des brigands qui ont attaqué un «certain homme» sur son chemin à Jéricho. Ils l'ont dépouillé et l'ont battu, avec l'attitude de «Ce qui est à toi est à moi et je vais le prendre.» Presque aussi égoïstes que les bandits, un sacrificateur, puis un Lévite ont croisé son chemin; ils ont eu pitié de lui, mais ont continué leur route sans lui offrir de l'aide. Leur attitude égocentrique était une attitude de repli sur soi, d'indifférence : «Ce qui m'appartient est à moi, et je vais le garder.»

Heureusement, quelqu'un a vu l'homme brisé, dans un état pitoyable, et il a eu de la compassion pour lui. Cet homme bon était un Samaritain, un peuple de race mixte et souvent méprisé. Pourtant, il s'est arrêté pour l'aider. Le bon Samaritain, connu sous ce nom, a tendu la main comme un serviteur pour aider son semblable. Son comportement suggérait : «Ce qui m'appartient n'est pas qu'à moi; je vais le partager.»

Jésus-Christ n'est pas venu pour être servi, bien que, parmi tous les gens, ce soit lui qui mérite d'être servi le plus avec honneur. Mais Jésus-Christ est plutôt venu en tant que serviteur pour toucher sa création : (Philippiens 2 : 3-8). (Voir aussi I Thessaloniciens 4 : 4; I Timothée 6 : 1-21; Hébreux 3 : 1-6.)

Nous sommes créés pour servir les autres au nom de Jésus-Christ, et lorsque nous le faisons, nous honorons le nom et la personne de Christ. En tant que serviteurs, nous menons un mode de vie qui honore le Seigneur Jésus-Christ et nous découvrons le véritable sens de la vie.

Créés pour vivre

Nous avons été créés non seulement pour servir, mais aussi pour découvrir et pour expérimenter une vie bien remplie et satisfaisante. Nous avons été créés pour vivre une vie spirituelle abondante. Alors que nous pouvons être pauvres aux yeux du monde, nous pouvons jouir de l'abondance dont Jésus parle dans Jean 10 : 10. En effet, la vie ne consiste pas qu'en des biens matériels accumulés (Luc 12 : 15), mais elle comprend aussi notre quête du royaume de Dieu et notre vie selon les principes du royaume de Dieu. C'est la vraie vie !

Récemment, j'ai lu un récit sur un homme sans abri agenouillé dans la rue, priant et rendant grâce. Lorsque quelqu'un lui a demandé pourquoi un homme sans rien comme lui rend grâce à Dieu, il a répondu : « Je n'ai peut-être pas grand-chose, mais j'ai le plus grand don — le salut – grâce à Jésus-Christ ! Mes richesses ne proviennent pas des hommes ou de l'argent, mais du Père céleste ! » Il était sans-abri, et néanmoins riche.

Celui qui poursuit la justice et la bonté trouve la vie,
la justice et la gloire. (Proverbes 21 : 21)

Le fruit de l'humilité, de la crainte de l'Éternel,
C'est la richesse, la gloire et la vie. (Proverbes 22 : 4)

Nous sommes créés pour vivre avec la puissance et l'amour de Jésus-Christ. Lorsque son amour resplendit dans notre cœur au travers du Saint-Esprit, nous pouvons alors connaître une vie remplie de contentement et de satisfaction. Mais avant de pouvoir vivre en Christ, il nous faut mourir à nos désirs charnels. Nous ne sommes pas créés seulement pour vivre, mais aussi pour mourir.

Créés pour mourir

Il n'est possible de plaire à Dieu que par la foi; et un caractère charnel agit contre la foi. Charnel signifie la chair, ainsi, nous sommes tous charnels. Cependant, dans ce contexte, être charnel c'est marcher et vivre selon les désirs et les accords de la chair. L'Écriture nous enseigne que la nature charnelle est seulement une garantie de la mort spirituelle, mais vivre avec un état d'esprit spirituel est une garantie de la vie en Christ (Romains 8 : 6). Nous devons mourir avant de connaître la vie spirituelle — mourir à nos propres désirs égoïstes et pécheurs qui sont charnels.

Nous honorons Dieu en vivant en accord avec le Saint-Esprit. Voici la vie spirituelle décrite par l'apôtre Paul dans Romains 8. C'est une vie de justice, de paix et de joie dans l'Esprit, et c'est une vie abondante, tel qu'elle est vécue par les enfants de Dieu (Romains 8 : 6, 14).

Honorer Dieu avec nos lèvres seulement ne suffit pas — c'est-à-dire avec nos paroles et nos déclarations. (Voir Ésaïe 29 : 13.) Nous devons le servir avec un cœur régénéré qui a été transformé par la puissance de son Esprit. Quand nous avons fait mourir notre nature charnelle, nous pouvons vivre dans l'Esprit !

Hypocrites, Ésaïe a bien prophétisé sur vous, quand il a dit : Ce peuple m'honore des lèvres, Mais son cœur est éloigné de moi. C'est en vain qu'ils m'honorent, En enseignant des préceptes qui sont des commandements d'hommes. (Matthieu 15 : 7-9)

L'HOMME — CRÉÉ POUR RECEVOIR L'HONNEUR

En menant un style de vie qui honore Jésus-Christ, nous découvrons et connaissons le plus grand but pour l'humanité. De plus, nous recevrons l'honneur de Dieu ainsi que de nos semblables. L'intention de Dieu ne consiste pas seulement à être honoré par les hommes, mais à les honorer également. Si nous honorons Dieu, il nous honorera et fera de nous son peuple élu !

C'est pourquoi voici ce que dit l'Éternel, le Dieu d'Israël : J'avais déclaré que ta maison et la maison de ton père marcheraient devant moi à perpétuité. Et maintenant, dit l'Éternel, loin de moi ! Car j'honorerai celui qui m'honore, mais ceux qui me méprisent seront méprisés. (1 Samuel 2 : 30)

(Voir aussi Deutéronome 26 : 16-19.)

L'apôtre Pierre a écrit que les chrétiens étaient une race élue, ou spéciale — un peuple acquis et la prunelle de son œil (I Pierre 2 : 9; Psaume 17 : 8). Lorsque Dieu a créé l'homme, en tant que sa plus grande création, il lui a donné une gloire et un honneur spécial. Il a donné à l'homme la domination sur toutes les œuvres de sa main (voir Psaume 8 : 5-6; Hébreux 2 : 7). Mais, Dieu avait en tête une

plus grande bénédiction pour son peuple élu. Il les a créés à son image et leur a donné l'honneur et la domination, mais il avait également l'intention de les remplir d'une présence personnelle et permanente de son Saint-Esprit. Quel grand honneur et quelle gloire pour nous d'être remplis de l'Esprit du Dieu Tout-Puissant!

Dieu a donné aux croyants le plus grand honneur en demeurant dans leur cœur à travers le Saint-Esprit. Parce qu'il vit en nous, nous avons la puissance de connaître une vie qui est la plus épanouissante et la plus satisfaisante — une vie abondante. Tandis que nous jouissons de la vie abondante que Christ a planifié pour son Église, nous honorons Dieu d'une manière qui lui fait le plus grand plaisir — en *étant* le peuple qu'il a voulu que nous soyons et en *faisant* les choses qu'il a voulu que nous fassions. Nous menons un style de vie qui honore le nom et la personne du Seigneur Jésus-Christ pendant que nous bâtissons la base de l'éthique chrétienne.

Tandis que nous nous efforçons de vivre pour honorer et glorifier notre créateur, cherchons à vivre avec honnêteté et intégrité à l'égard de Dieu, des autres et de nous-mêmes.

CHAPITRE 2

UN STYLE DE VIE HONNÊTE ET INTÈGRE

Qui pourra monter à la montagne de l'Éternel? Qui s'élèvera jusqu'à son lieu saint? Celui qui a les mains innocentes et le cœur pur; Celui qui ne livre pas son âme au mensonge, Et qui ne jure pas pour tromper. Il obtiendra la bénédiction de l'Éternel, La miséricorde du Dieu de son salut. (Psaume 24 : 3-5)

On t'a fait connaître, ô homme, ce qui est bien; Et ce que l'Éternel demande de toi, C'est que tu pratiques la justice, Que tu aimes la miséricorde, Et que tu marches humblement avec ton Dieu. (Michée 6 : 8)

Le juste marche dans son intégrité; Heureux ses enfants après lui! (Proverbes 20 : 7)

Dans la célèbre tragédie d'*Hamlet* de William Shakespeare, le personnage Polonius donne des conseils à son fils, et ses paroles sont entrées dans la légende : «Avant tout, sois loyal envers toi-même». Les critiques littéraires ne sont pas tous du même avis quant à l'objectif et la signification de ces paroles.

Toutefois, «l'ère moderne a donné un sens différent à cette phrase parce qu'elle suggère des idées de vérité, une

notion d'appartenance à soi-même et d'individualité » (http://
literaydevices.net/to-thine-own-self-be-true/). Bien que nous
ne connaissions pas toutes les intentions de Shakespeare,
nous comprenons que nous devons être honnêtes avec nous-
mêmes si nous devons vivre honnêtement avec les autres.
Nous devons être vrais, purs et sincères, absolument intègres.

Il n'y a pas de meilleurs termes pour décrire la base
essentielle de la conduite éthique que ces deux mots :
honnêteté et intégrité. Les concepts principaux de ces deux
mots représentent l'essence même de l'éthique chrétienne.

Il a été dit que la réputation d'une personne est ce que
les autres pensent d'elle; en revanche, son caractère définit
ce qu'elle est réellement. Votre caractère se révèle dans les
moments les plus difficiles, lorsque personne ne vous voit, à
part Dieu. L'essence même d'une éthique pure est démontrée
par une personne qui mène une vie dont l'intégrité n'est
pas corrompue. Lorsque la vie d'une personne est fondée
sur l'intégrité, celle-ci a découvert la réelle qualité de la
chrétienté. De plus, c'est seulement par la puissance de Jésus-
Christ habitant en nous que nous pouvons vivre une vie
d'intégrité pure.

L'honnêteté et l'intégrité devraient influencer et informer
la conduite éthique d'une personne dans tous les domaines
de sa vie.

L'INTÉGRITÉ DANS LES AFFAIRES

Nous découvrons pour la première fois le concept de
l'honnêteté et de l'intégrité dans l'Ancien Testament. Il
semble dérivé de l'établissement des normes acceptables et
appropriées concernant les pratiques professionnelles. De
plus, Dieu n'approuve pas les comportements frauduleux

dans les affaires. Plusieurs versets dans l'Ancien Testament traitant l'intégrité et l'honnêteté mentionnent des pratiques et des mesures commerciales. L'un des exemples se trouve dans le livre de Lévitique.

Vous ne commettrez point d'iniquité ni dans les jugements, ni dans les mesures de dimension, ni dans les poids, ni dans les mesures de capacité. Vous aurez des balances justes, des poids justes, des éphas justes et des hins justes. Je suis l'Éternel, votre Dieu, qui vous ai fait sortir du pays d'Égypte. (Lévitique 19 : 35-36)

L'Écriture ordonne aux marchands d'être absolument scrupuleux dans leurs affaires. Clairement, Dieu condamnait les méthodes de mesure malhonnêtes, les balances, les mesures fausses et les ventes irrégulières. Les mesures d'une personne intègre devaient être justes et équitables, conformes aux normes strictes et établies par la société. Dieu déteste toute sorte de tricherie. Il appelle ce genre de malhonnêteté « iniquité » et « abomination » (voir Deutéronome 25 : 13-16).

Il est intéressant de noter que dans la Bible *New International Version*, le mot *abomination* est traduit comme étant un concept « détestable ». Il est évident que Dieu méprise ceux qui profitent des autres.

Il existe plusieurs versets bibliques révélant le mépris de Dieu à l'égard des méthodes malhonnêtes. Par exemple, considérez les versets suivants : Proverbes 11 : 1, 12 : 22, 16 : 11, 20 : 10, 23; Ézéchiel 45 : 10; Luc 3 : 12-13.

L'apôtre Paul a enseigné que nous devrions penser davantage aux besoins et au bénéfice d'autrui qu'à nos propres désirs égoïstes. (Voir Philippiens 2 : 3-5.) Malheureusement,

cette pratique est presque inconnue dans la culture de l'Amérique du Nord, où les gens sont narcissiques et ne pensent qu'à eux. Il nous est nécessaire de faire un effort supplémentaire pour nous assurer que nos affaires sont justes et honnêtes. Devant Dieu, c'est cela l'intégrité. Je me souviens d'une escroquerie qui a affecté plusieurs pasteurs dans les années 70. Il s'agissait d'un achat de voitures de luxe à bas prix. Un nombre de pasteurs était impliqué. Certains d'entre eux ont obtenu les voitures qu'ils ont achetées; d'autres ont reçu des voitures de valeur inférieure. D'autres n'ont même rien reçu en échange de l'argent payé. C'était une escroquerie pyramidale qui a fini par s'effondrer, ayant fait du mal aux gens et envoyant les escrocs en prison. Dieu a horreur des pratiques trompeuses, et il déteste ceux qui exploitent les autres. Une telle conduite est l'image parfaite d'un comportement immoral, et Dieu déteste cela.

J'avais certains poteaux en bois de ma clôture de jardin qui étaient pourris et qu'il fallait que je remplace. J'avais les matériaux, mais pas le temps de le faire moi-même. Une société a prospecté à ma porte, me proposant de faire des travaux à la maison. Je leur ai demandé s'ils seraient intéressés à remplacer les poteaux de la clôture et ils ont accepté.

J'ai commis l'erreur de leur faire confiance et de ne pas surveiller leur travail. Lorsqu'ils ont fini, tout paraissait impeccable. Toutefois, au bout de quelques jours, je me suis aperçu qu'ils avaient tout simplement coupé les vieux poteaux à la base pour remettre les nouveaux poteaux sur la base des anciens en les fixant avec un peu de béton. La seule chose qui supportait les nouveaux poteaux était la clôture existante. Les poteaux ne supportaient rien et j'ai dû donc

tous les enlever ainsi que la clôture. J'ai appris une grande leçon de la part de ces artisans-escrocs. Dieu déteste la malhonnêteté, la tricherie et les actes frauduleux. Les relations d'affaires doivent être toujours achevées honnêtement et justement. L'éthique des affaires est comme une voie à double sens. Il nous est également nécessaire d'être justes envers ceux qui font un travail pour nous. Il est contraire à l'éthique que d'essayer de prendre avantage financièrement des gens au profit de notre propre gain. Par exemple, considérons l'éthique des pourboires dans la restauration.

Qu'on aime laisser un pourboire ou pas, c'est un système mis en place aux États-Unis qu'il nous est nécessaire de reconnaître avant d'aller au restaurant. Ne pas donner un pourboire, malgré un bon service reçu, c'est exploiter la personne qui fait ce travail pour gagner sa vie. Si nous n'avons pas les moyens ou si nous n'avons pas l'intention de donner un pourboire, nous ne devrions pas sortir au restaurant. Si nous mangeons dans un restaurant et ne donnons pas un pourboire, nous sommes fautifs d'une escroquerie envers le serveur qui travaille dur sans aucun remerciement.

Pensez également à votre témoignage que vous laissez derrière vous. Si jamais le serveur découvrait que vous étiez chrétien, que penserait-il de votre témoignage si vous ne lui donnez rien ? Nous donnons une mauvaise image au monde lorsque nous refusons de reconnaître le travail d'une personne à travers un pourboire.

Lorsque nous sortons avec nos amis chrétiens, attention de ne pas nous plaindre constamment de la nourriture, du service ou d'autre chose. Souvent, ces groupes sont bruyants et odieux, tenaces et râleurs; et ils s'en vont sans laisser même

un pourboire. Parfois, ils arrivent une demi-heure juste avant la fermeture du restaurant et ils partent bien après que le restaurant ferme. C'est un manque de considération. Les pentecôtistes sont facilement reconnaissables par leur apparence, mais pas les serveurs. Peut-être votre serveur est-il un rétrograde? Ou bien même, cherche-t-il à visiter une église? Quel genre de témoignage notre groupe laissera-t-il derrière lui? Que pensera de nous notre serveur? Quelle impression la direction du restaurant aura-t-elle de notre groupe ou notre église? Nous devrions toujours considérer notre témoignage devant ces âmes précieuses.

Il est toujours important de démontrer de la politesse et de la gentillesse; d'être courtois à tout moment et prévenants à l'égard des serveurs et d'autres clients dans les lieux publics. Lorsque nous partons, il est normal de laisser un pourboire convenable en Amérique du Nord pour les services rendus – et, si vous pouvez, un pourboire généreux. Ces actes éthiques laisseront une impression positive sur les serveurs et la direction, et ils refléteront de votre part la justice, l'honnêteté et l'intégrité.

Les principes de l'honnêteté et de l'intégrité ne s'appliquent pas seulement dans les relations d'affaires. Ils sont également importants dans toutes nos relations personnelles.

L'INTÉGRITÉ DANS LES RELATIONS
Nous connaissons tous la règle d'or qui dit : « Ne faites pas aux autres ce que vous ne voulez pas que l'on vous fasse. » En fait, beaucoup de gens ne réalisent pas que ce précepte est tiré directement de la Bible : « Ce que vous voulez que les hommes fassent pour vous, faites-le de même pour eux. Si vous aimez ceux qui vous aiment, quel gré vous en saura-t-

on? Les pécheurs aussi aiment ceux qui les aiment. Si vous faites du bien à ceux qui vous font du bien, quel gré vous en saura-t-on? Les pécheurs aussi agissent de même. Et si vous prêtez à ceux de qui vous espérez recevoir, quel gré vous en saura-t-on? Les pécheurs aussi prêtent aux pécheurs, afin de recevoir la pareille. Mais aimez vos ennemis, faites du bien, et prêtez sans rien espérer. Et votre récompense sera grande, et vous serez fils du Très-Haut, car il est bon pour les ingrats et pour les méchants.» (Luc 6 : 31-35)

Un principe fondamental de la Bible révèle que nous récolterons ce que nous semons, et en général, les gens nous traitent de la même manière dont nous les traitons. Cela ne suggère pas pour autant que nous ne serons jamais traités injustement ou méchamment si nous traitons les autres avec équité et bonté. Toutefois, si nous traitons les gens avec bonté, cela multipliera certainement les réactions positives que nous recevrons des autres. Nous aurons notre conscience et notre relation avec Dieu libérées de culpabilité, et nous en tirerons avantage. (Voir Actes 24 : 16.)

Les chrétiens devraient être connus comme le peuple le plus honnête avec qui l'on peut s'associer ou collaborer. Leurs réputations d'intégrité devraient être impeccables. Comme Paul a écrit aux chrétiens de Corinthe, nous devrions «rechercher ce qui est bien, non seulement devant le Seigneur, mais aussi devant les hommes» (II Corinthiens 8 : 21). Notre conduite devrait être honnête parce que Dieu voit tout ce que nous faisons. Or, il existe une norme biblique encore plus élevée : faire ce que les autres verront comme étant honnête. Cela implique notre réputation. Il est important que nous ayons de l'intégrité, mais il est aussi important que

les autres considèrent que nous sommes intègres, car notre comportement reflète Dieu et son Église.

Ceci est l'une des raisons pour laquelle Paul a indiqué, dans son épître aux Romains, qu'ils ne devraient pas laisser leur « privilège devenir un sujet de calomnie » (Romains 14 : 16). Il parlait de leur réputation vis-à-vis d'autres qui risquaient de mal interpréter leur comportement, portant ainsi atteinte à l'image du Seigneur et de son Église. La version du Semeur l'explique de cette manière : « Que ce qui est bien pour vous ne devienne pas pour d'autres une occasion de dire du mal de vous. » (Romains 14 : 16)

Paul a déclaré aux Thessaloniciens : « … en sorte que vous vous conduisiez honnêtement envers ceux du dehors » (I Thessaloniciens 4 : 12). L'auteur d'Hébreux a de plus indiqué que nous devrions « … vouloir en toutes choses bien nous conduire » (Hébreux 13 : 18), et cela devrait également s'appliquer lorsque nous nous trouvons dans des situations injustes. Aucune situation dans la vie ne justifie la malhonnêteté ou la dégradation de l'intégrité personnelle.

L'INTÉGRITÉ DANS LES SITUATIONS INJUSTES

Il est vrai que la vie est parfois injuste. Des incidents malencontreux et difficiles arrivent à tout le monde. Lorsqu'un croyant se trouve dans une situation fâcheuse, il devrait continuer à vivre de façon honorable et intègre. Aussi dur que cela puisse être, le vrai caractère d'un chrétien doit se manifester à travers la pureté et l'honnêteté, dans chaque domaine de sa vie.

1. Job. Considérez Job qui a traversé une période très éprouvante. Il a tant souffert que son nom est devenu

synonyme de souffrance : «la souffrance de Job». Peu de gens ont connu l'étendue des souffrances de Job.

Job était alité, souffrant sans répit pendant des mois, ravagé par des plaies de la tête aux pieds. Pendant tout ce temps, il portait le deuil de ses sept fils et trois filles. Toute sa fortune avait disparu en un après-midi. Il dégoûtait sa femme, écœurait ses frères, et même les petits enfants le méprisaient, alors qu'il s'allongeait sur les cendres à l'extérieur de la ville (John Piper, «Job : La révélation de Dieu dans la souffrance», www.desiringgod.org).

Mais, à travers toutes ses souffrances, Job a conservé son honnêteté et son intégrité devant Dieu. Il refusait de succomber à sa nature charnelle. Il a maintenu sa foi inébranlable en Dieu, et il a évité l'aiguillon du reproche.

Job prit de nouveau la parole sous forme sentencieuse et dit : Dieu qui me refuse justice est vivant! Le Tout-Puissant qui remplit mon âme d'amertume est vivant! Aussi longtemps que j'aurai ma respiration, Et que le souffle de Dieu sera dans mes narines, Mes lèvres ne prononceront rien d'injuste, Ma langue ne dira rien de faux. Loin de moi la pensée de vous donner raison! Jusqu'à mon dernier soupir je défendrai mon innocence; Je tiens à me justifier, et je ne faiblirai pas; Mon cœur ne me fait de reproche sur aucun de mes jours. (Job 27 : 1-6)

(Voir aussi Job 31 : 1-40.)

Le Seigneur a même témoigné à Satan que Job était parfait, droit et intègre (Job 2 : 3). Lorsque les courants torrentiels des difficultés de la vie nous engouffrent et menacent notre survie, notre intégrité est mise à l'épreuve. Le temps révélera notre force et notre caractère ainsi que la substance de notre intégrité.

2. Jacob. Lorsque Jacob a dû faire face à la déception infligée par son oncle Laban, nous ne pouvons pas trop nous apitoyer sur son sort, car après tout, Jacob était familier avec la tromperie avant de quitter son domicile. Jacob, dont le nom signifie « trompeur », a réussi à persuader son frère Ésaü de vendre son droit d'aînesse pour un plat de lentilles. Le droit d'aînesse des Hébreux était un droit légal qui donne certains privilèges au fils aîné. Plus tard, exécutant le plan de sa mère Rebecca, Jacob a trompé son père mourant en se faisant passer pour Ésaü afin de recevoir ses bénédictions. La bénédiction était un autre privilège par lequel le fils aîné recevait une plus grande bénédiction que les autres enfants.

Ésaü était furieux. Jacob a décidé que la meilleure solution pour lui serait de s'enfuir, et il est donc parti chez son oncle. Il a travaillé fidèlement pour son oncle Laban pendant plusieurs années. Chose intéressante, c'était là que Jacob a commencé à récolter amèrement la semence de la tromperie qu'il avait semée auparavant.

Jacob a accepté de travailler pour Laban pendant sept ans en échange de la main de sa fille, Rachel. Cependant, la nuit des noces, il s'est rendu compte que Laban l'avait trompé en lui donnant sa fille Léa au lieu de Rachel. Jacob a donc travaillé sept ans de plus pour avoir le droit d'épouser Rachel. De plus, Laban a changé dix fois le salaire de Jacob durant les vingt années que Jacob a travaillé pour lui. (Voir

Genèse 31 : 1-42.) Jacob a sûrement goûté l'amertume de la tromperie, de la même façon dont il avait escroqué son frère Ésaü.

Jacob était désormais transformé, et il a bénéficié des bénédictions de Dieu dans sa vie. C'est peut-être pour cette raison que Dieu lui a donné un nouveau nom, Israël, à la suite de sa lutte avec l'ange du Seigneur pendant toute la nuit. De trompeur, il est devenu «prince avec Dieu»; Dieu l'a honoré avec un nouveau nom plus approprié. (Voir Genèse 32 : 24-32.) Très tôt dans sa vie, Jacob n'a pas vécu dans l'intégrité, mais il a prouvé que c'était possible de changer son caractère. Il est devenu un homme intègre qui a reçu les bénédictions de Dieu.

3. **Joseph.** Joseph a fait preuve de beaucoup de retenue et d'intégrité personnelle dans sa vie. Il a énormément souffert à cause de la jalousie de ses frères qui l'ont vendu en tant qu'esclave en Égypte. Il a été finalement promu à la direction de la maison de Potiphar comme un homme important et de confiance. Lorsque la femme de Potiphar a voulu coucher avec lui, Joseph a refusé.

Il refusa, et dit à la femme de son maître : Voici, mon maître ne prend avec moi connaissance de rien dans la maison, et il a remis entre mes mains tout ce qui lui appartient. Il n'est pas plus grand que moi dans cette maison, et il ne m'a rien interdit, excepté toi, parce que tu es sa femme. Comment ferais-je un aussi grand mal et pécherais-je contre Dieu ? Quoiqu'elle parlât tous les jours à Joseph, il refusa de coucher auprès d'elle, d'être avec elle. Un jour qu'il était entré dans la maison pour faire son ouvrage, et qu'il n'y

avait là aucun des gens de la maison, elle le saisit par son vêtement, en disant : Couche avec moi! Il lui laissa son vêtement dans la main, et s'enfuit au dehors. (Genèse 39 : 8-12)

Joseph s'est retrouvé en prison à cause de son comportement face aux avances de la femme de Potiphar. Il a perdu sa liberté, mais il a gardé son caractère et son intégrité devant Dieu. À la fin, à travers la bénédiction souveraine de Dieu, Joseph est devenu la cause qui a sauvé sa famille entière contre la famine qui ravageait toute la région.

4. David. Considérez l'intégrité que David a montrée lorsqu'il fuyait la vengeance du roi Saül. David et ses hommes se sont cachés dans une caverne dans le désert d'En-Guédi. Ignorant que David se trouvait là, Saül et ses hommes se sont arrêtés au même endroit pour la nuit. Même si certains auraient donné raison à David d'avoir saisi l'occasion pour mettre fin aux jours de Saül, et donc à sa fuite, David a refusé de tuer le roi. (Voir I Samuel 24 : 1-22.) En revanche, sans faire de bruit, il a coupé un pan du manteau du roi avec son épée. Même cette action-là a causé des sentiments de remords et de culpabilité chez David.

Et il dit à ses gens : Que l'Éternel me garde de commettre contre mon seigneur, l'oint de l'Éternel, une action telle que de porter ma main sur lui! car il est l'oint de l'Éternel. Par ces paroles David arrêta ses gens, et les empêcha de se jeter sur Saül… Tu vois maintenant de tes propres yeux que l'Éternel t'avait livré aujourd'hui entre mes mains dans la caverne. On m'excitait à te tuer; mais je t'ai épargné, et j'ai dit :

Je ne porterai pas la main sur mon seigneur, car il est l'oint de l'Éternel … Saül dit : Est-ce bien ta voix, mon fils David ? Et Saül éleva la voix et pleura. Et il dit à David : Tu es plus juste que moi; car tu m'as fait du bien, et moi je t'ai fait du mal. (I Samuel 24 : 7-18)

L'intégrité de David l'a empêché de lever la main sur l'oint de l'Éternel. Il a préféré attendre que Dieu soit son défenseur. Même Saül a admis que David était «plus juste» que lui-même dans son comportement pieux et intègre.

UN MODE DE VIE INTÈGRE

L'intégrité et l'honnêteté ne sont pas des actions ou des attitudes qui changent régulièrement. L'intégrité et l'honnêteté sont la base du caractère de la vie chrétienne. Soit les gens ont du caractère, soit ils n'en ont pas. Une personne peut certainement transformer son style de vie malhonnête en un style de vie impeccable; mais, pour que ce changement soit réel, ce style de vie doit être un choix véritable.

Paul a témoigné de ses sincères efforts de vivre avec intégrité. Notez ses remarques dans son épître aux croyants de Corinthe :

C'est pourquoi, ayant ce ministère selon la miséricorde qui nous a été faite, nous ne perdons pas courage. Nous rejetons les choses honteuses qui se font en secret, nous n'avons point une conduite astucieuse, et nous n'altérons point la parole de Dieu. Mais en publiant la vérité, nous nous recommandons à toute conscience d'homme devant Dieu. (2 Corinthiens 4 : 1-2)

Donnez-nous une place dans vos cœurs! Nous n'avons fait tort à personne, nous n'avons ruiné personne, nous n'avons tiré du profit de personne. (2 Corinthiens 7 : 2)

Un mode de vie intègre exige qu'une personne renonce aux pratiques malhonnêtes, rusées et trompeuses. L'intégrité la poussera à vivre au-dessus des reproches, libre de toute corruption et de fraude. C'est un style de vie qui accepte et exalte la vérité, s'efforçant constamment d'atteindre les plus hauts niveaux de transparence et de décence.

Le prophète Ésaïe a parlé clairement de la bénédiction réservée aux personnes intègres (Ésaïe 33 : 15-16). Dans la Bible du Semeur, ces deux versets sont présentés ainsi : «Celui qui se conduit selon ce qui est juste et qui parle toujours selon ce qui est droit, qui rejette les gains acquis par extorsion, qui n'accepte jamais de pots-de-vin, qui ferme ses oreilles aux propos criminels, qui se bouche les yeux pour ne pas voir le mal; cet homme habitera dans des lieux élevés; des rochers fortifiés lui serviront d'abri, son pain lui sera assuré, et l'eau ne lui manquera pas.»

Ceux qui désirent des bénédictions dans leur vie doivent vivre avec intégrité. Ils :

- seront honnêtes;
- seront justes;
- refuseront de faire un gain frauduleux;
- éviteront la corruption;
- refuseront d'écouter des complots méchants; et
- fermeront leurs yeux à toute séduction du péché.

Il existe plusieurs injonctions dans l'Ancien Testament révélant que l'intégrité est ce que le peuple de Dieu doit poursuivre :

- Psaume 24 : 3-5 dit qu'il est nécessaire d'avoir «les mains innocentes et le cœur pur» et d'éviter la vanité et la tromperie.
- Proverbes 11 : 3-6 souligne l'intégrité comme étant le guide pour ceux qui sont droits, et révèle la destruction qui attend les pervers et les méchants.
- Proverbes 19 : 1 révèle qu'il vaut mieux être pauvre et vivre avec intégrité que d'avoir la langue perverse et d'être insensé.
- Proverbes 28 : 6 répète qu'il est préférable d'être pauvre et intègre que riche et tortueux.

Jésus-Christ a évoqué l'idée de caractère dans Luc 16 : 10 en disant : «Celui qui est fidèle dans les moindres choses l'est aussi dans les grandes, et celui qui est injuste dans les moindres choses l'est aussi dans les grandes.» Autrement dit, l'intégrité, l'honnêteté, et la bonne conduite sont soit apparentes chez une personne soit absentes. Elles sont des attributs qui imprègnent le caractère et qui s'écouleront de la morale intérieure, affectant les actions et les comportements de la personne.

J'ai servi comme surveillant au dortoir des hommes pendant que j'enseignais à une école biblique à Houston dans les années 1980. Un soir, des étudiants ont attrapé en flagrant délit un jeune homme en train d'essayer de voler une voiture sur le campus. Tandis que nous n'encouragions pas les étudiants à intervenir auprès des malfaiteurs, ces étudiants

ont vraiment pris ce jeune voleur et l'ont emmené dans la chambre de prière, alors que d'autres venaient me chercher. Lorsque je suis arrivé, j'ai vu un garçon qui devait avoir quinze ou seize ans, se justifiant ainsi : « Je suis chrétien. Je ne suis pas un pécheur, j'ai juste commis un péché. » Son manque de caractère et d'intégrité n'a pas seulement poussé le garçon à « commettre un péché », cela a également créé une faiblesse en lui qui a affecté son comportement général, contraire à son soi-disant « témoignage chrétien ».

L'éthique n'est pas compliquée. C'est une question de faire ce que nous savons être juste, pur et honnête. Généralement, nous savons la bonne voie à prendre; nous sommes obligés de décider de faire ce qui est droit. Afin de préparer son cœur pour toujours réagir avec intégrité, le croyant doit suivre le conseil de Paul dans son épître aux Philippiens — de penser aux choses bien et pures :

> Au reste, frères, que tout ce qui est vrai, tout ce qui est honorable, tout ce qui est juste, tout ce qui est pur, tout ce qui est aimable, tout ce qui mérite l'approbation, ce qui est vertueux et digne de louange, soit l'objet de vos pensées. (Philippiens 4 : 8)

Si nous nous concentrons sur les choses célestes — les choses saintes, justes et pures — nous sommes équipés à marcher dans la justice avec honnêteté et intégrité dans tout ce que nous faisons.

À la base d'une conduite éthique se trouve un style de vie intègre. L'intégrité imprègne la conduite d'une personne et dirige ses décisions vers des choix éthiques. L'intégrité est intimement liée à la sincérité.

Le mot *sincérité* dans l'Ancien Testament est la traduction du mot hébreu *tāmîm*, signifiant «complet, bien-fondé… entier, sain, en bonne santé… salutaire, intact, innocent, ayant de l'intégrité… ce qui est complet, en accord avec la vérité et les faits» (Francis Brown, Samuel Rolles Driver, et Charles Augustus Briggs, *Enhanced Brown-Driver-Briggs Hebrew and English Lexicon/Oxford* : Clarendon Press, 1977, 1071).

Selon les anciennes traditions, certains marchands utilisaient la cire pour combler et camoufler les défauts dans les poteries. Quand il faisait chaud, la cire fondait et révélait les défauts dans les vases, décevant l'acheteur. C'est pourquoi les produits parfaits et de bonne qualité devaient porter le nom *sin ceria,* c'est-à-dire «sans cire», pour garantir leur qualité. Que cela soit vrai ou pas, le principe demeure : ce qui est sincère est complet, entier — avec intégrité. L'intégrité signifie l'intégralité, et dans son entier, cela signale une idée de force et de durabilité.

Nous devons être sincères, mais en plus de cela, nous devons avoir de l'intégrité dans notre caractère et notre style de vie. Nous devrions toujours nous efforcer d'être honnêtes, droits et saints dans toutes nos démarches et notre conduite.

CHAPITRE 3

UN STYLE
DE VIE LOYAL

Soyez mes imitateurs, comme je le suis moi-même de
Christ. (1 Corinthiens 11 : 1)

(Voir aussi 1 Corinthiens 4 : 16; Éphésiens 5 : 1;
Philippiens 3 : 17.)

Dans ce chapitre, nous allons examiner trois sujets
fondamentaux : (1) Qu'est-ce que la loyauté ? ; (2) À qui
devons-nous être loyaux? et (3) Les limites de la loyauté.
Comme pour l'intégrité, nous découvrirons et verrons que la
loyauté doit faire partie du style de vie des croyants.

QU'EST-CE QUE LA LOYAUTÉ?
La loyauté est liée à la constance, la fidélité et l'allégeance.

Merriam-Webster Dictionary définit le terme loyal
comme étant une «allégeance inflexible, telle que : a) : une
allégeance fidèle envers son état souverain légitime ou son
gouvernement; b) la fidélité à une personne redevable de
ce droit; c) fidèle à une cause, un idéal, une coutume, une
institution ou un produit.»

Il est clair que les croyants devraient être fermement
fidèles à leur allégeance envers Jésus-Christ. Ils devraient

également parfois limiter leur allégeance envers le gouvernement, les compatriotes et les croyants, ainsi que certains idéaux et institutions. Leur allégeance doit toujours être inférieure à leur loyauté primordiale envers Jésus-Christ et son Église. Nous ne devons pas permettre à qui que ce soit de nous persuader d'être loyaux envers une chose ou une personne qui est en conflit avec notre loyauté envers Jésus-Christ. Le Souverain de cet univers est suprême et supérieur à tout. Notre loyauté envers chaque domaine de notre vie doit reposer sur notre principale obligation envers lui et sa parole.

La loyauté est une qualité qui est rare dans notre monde. Par exemple, il y a quelques années, les gens travaillaient toute leur vie dans une même société. Leur emploi à long terme était une preuve de leur loyauté envers leur employeur et vice-versa. De nos jours, ce n'est plus le cas. Beaucoup d'employés sont licenciés sans hésitation par leur employeur afin d'améliorer les dividendes des actionnaires. La loyauté vis-à-vis des employés à long terme est parfois insignifiante et, par conséquent, la loyauté des employés à l'égard de leurs employeurs est rare. Chaque côté ne pense qu'à une chose : «Qu'est-ce qui est le mieux pour moi?» Ou : «Quel est l'intérêt de la société?»

Lorsqu'une personne ou une société rencontre cette perle rare de loyauté, c'est en général une chose qui ne passe pas inaperçue et qui est fort appréciée. C'est comme si l'on découvrait une pierre précieuse, d'une qualité exceptionnelle et digne d'appréciation.

Quels sont les exemples de loyauté que nous pouvons trouver dans les Écritures ? Même si la loyauté n'est pas un sujet courant dans la Bible, la fidélité l'est beaucoup plus.

David et Jonathan. L'exemple de loyauté le plus connu dans la Bible, c'est l'histoire de David et Jonathan. Leur amitié était si forte que la loyauté entre eux était frappante. En tant que fils du roi Saül, Jonathan était l'héritier du trône d'Israël, dans les jours précédents la division du royaume. Malgré cela, Jonathan faisait confiance à David et soutenait le fait qu'il avait été oint comme futur roi. Cependant, à cause de l'énorme jalousie de Saül à l'égard de David, cette amitié subissait une grande pression. Mais, aucun obstacle à leur amitié n'a détruit la loyauté de Jonathan envers David.

> David avait achevé de parler à Saül. Et dès lors l'âme de Jonathan fut attachée à l'âme de David, et Jonathan l'aima comme son âme. Ce même jour Saül retint David, et ne le laissa pas retourner dans la maison de son père. Jonathan fit alliance avec David, parce qu'il l'aimait comme son âme. Il ôta le manteau qu'il portait, pour le donner à David; et il lui donna ses vêtements, même son épée, son arc et sa ceinture.
> (1 Samuel 18 : 1-4)

Dans un monde où la loyauté est souvent inexistante, ce genre de loyauté de la part de Jonathan était assez remarquable. Jonathan était l'héritier légitime du trône; il aurait pu devenir le roi. Mais, il possédait une qualité dans son caractère et son esprit qui transcendait le pouvoir d'être roi d'un royaume terrestre. Jonathan était entièrement fidèle à son ami David et absolument loyal.

Il y avait des jours où Saül, enragé de jalousie, était déterminé de trouver David et de le tuer. Jonathan avertissait

discrètement David pour le protéger. Jonathan est intervenu de nombreuses fois en faveur de David. (Voir I Samuel 19 : 1-5; 23 : 16.) Jonathan était loyal envers David jusqu'à la mort, même si son père Saül a persisté à s'opposer et à vouloir tuer David.

Lorsque David a appris la mort de Saül et de Jonathan sur le champ de bataille, il a pleuré leur perte. De la même façon que Jonathan était loyal envers David, David a également été loyal envers son ami Jonathan. Durant son affliction, David a écrit de belles paroles qui reflètent sa loyauté (II Samuel 1 : 26).

Il est regrettable que dans notre culture perverse et insidieuse certains pensent que la relation entre David et Jonathan aurait pu avoir une connotation sexuelle. Cette relation était d'un amour pur, sans convoitise sexuelle ou perversion. Leur amour réciproque était un exemple rare de fidélité dans sa forme la plus pure.

Cette loyauté est restée au-delà de la mort. Bien plus tard, David a trouvé et honoré Mephibosheth, le fils boiteux de Jonathan. Il a demandé à Mephibosheth d'habiter au palais et de manger à sa table. Il a fait cela pour honorer son ami Jonathan.

David dit : Reste-t-il encore quelqu'un de la maison de Saül, pour que je lui fasse du bien à cause de Jonathan ? … Il y a encore un fils de Jonathan, perclus des pieds … Et Mephibosheth, fils de Jonathan, fils de Saül, vint auprès de David, tomba sur sa face et se prosterna. David dit : Mephibosheth ! … Ne crains point, car je veux te faire du bien à cause de Jonathan, ton père. Je te rendrai toutes les terres de

Saül, ton père, et tu mangeras toujours à ma table. (II Samuel 9 : 1-7)

Ruth. La loyauté de Ruth envers sa belle-mère Naomi est une autre belle histoire biblique sur la fidélité. Naomi et sa famille sont parties vivre dans le pays de Moab pour échapper à la famine qui ravageait Bethléem. Là, dans cette terre étrangère, son mari Elimélec a péri, ainsi que ses deux fils. Machlon et Kiljon étaient mariés à des femmes moabites. Une dizaine d'années plus tard, ses fils sont également morts, laissant derrière eux Naomi et ses deux belles-filles moabites dans leur deuil.

Naomi a tout perdu à Moab. Elle était déterminée à retourner à Bethléem, sa ville natale. Ses belles-filles, Ruth et Orpa, voulaient partir avec elle, mais Naomi a tenté de les dissuader de la suivre. Elle savait que ce serait un pays étranger avec des coutumes différentes et une religion inconnue. (Voir Ruth 1 : 22-15.) Orpa est rentrée chez elle, mais Ruth a insisté. Sa réaction à l'égard de Naomi est devenue un hymne éternel de loyauté.

Ruth répondit : Ne me presse pas de te laisser, de retourner loin de toi! Où tu iras, j'irai, où tu demeureras, je demeurerai; ton peuple sera mon peuple, et ton Dieu sera mon Dieu; où tu mourras, je mourrai, et j'y serai enterrée. Que l'Éternel me traite dans toute sa rigueur, si autre chose que la mort vient à me séparer de toi! (Ruth 1 : 16-17)

La loyauté infaillible de Ruth envers Naomi a constitué le fondement de l'une des plus grandes histoires d'amour.

Le reste du livre de Ruth raconte en détail leur périple à Bethléem et leur nouvelle vie. Ruth a trouvé le bonheur et a recommencé une nouvelle vie dans un nouveau pays. Un homme nommé Boaz (un parent riche d'Élimélec) a fait des avances à Ruth et a finalement accompli le rôle de parent rédempteur. Il a épousé Ruth et a inclus cette Moabite dans la lignée du futur Roi des rois et Seigneur des seigneurs, le Fils de Dieu. Quelle image de la grâce de Dieu, et quelle image de loyauté !

Joab. Une autre histoire de loyauté dans l'Ancien Testament apparaît dans l'histoire de la fidélité de Joab envers David. Le *Lexham Bible Dictionary* fait remarquer les points suivants de la loyauté de Joab :

- (II Samuel 3 : 24-25) : Ses accusations qu'Abner épiait étaient fondées sur la loyauté.
- (II Samuel 12 : 26-28) : Il a refusé d'achever la victoire contre les Ammonites afin que David puisse s'en glorifier.
- (II Samuel 18 : 2) : « Il était loyal envers David durant le coup d'État d'Absalom » (Edward J. Bridge, « Joab le capitaine »)

La loyauté, selon la définition du *Dictionary of Bible Themes*, est « un engagement à une relation existante et à l'attitude et le comportement qu'elle exige. Elle est évidente dans les relations humaines et dans la relation d'alliance entre Dieu et son peuple » (Martin H. Manser, *Dictionary of Bible Themes : The Accessible and* Comprehensive *Tool for Topical Studies* [Londres : Martin Manser, 2009]).

À QUI DEVONS-NOUS ÊTRE LOYAUX ?

Dans les Écritures, nous voyons que Dieu démontre la loyauté envers son peuple et à travers ses alliances et ses promesses. Nous voyons aussi la loyauté du peuple de Dieu envers lui, même si souvent son peuple vacillait et avait du mal à maintenir leur fidélité. Nous constatons également la loyauté dans les relations humaines parmi les familles, les amis et envers ceux qui sont au pouvoir.

Les croyants devraient être un peuple fidèle ; premièrement à Dieu, puis aux autres. Il existe plusieurs niveaux de responsabilité et d'obligation, mais il nous faut faire preuve de loyauté à chaque niveau. Les croyants doivent être à la hauteur de leurs devoirs bibliques et être connus comme un peuple de bonne foi. Pour déterminer et comprendre exactement où attribuer notre loyauté, il est essentiel de bâtir notre compréhension de la loyauté sur un bon fondement. Elle doit être donnée à Dieu. Nous devons trouver d'abord la base de toutes choses, puis nous pourrons commencer à comprendre la loyauté.

LA LOYAUTÉ ENVERS JÉSUS-CHRIST

Si nous devons être fidèles à quelqu'un ou à quelque chose, c'est bien à celui qui a sacrifié sa vie pour nous sauver du péché. Nous lui devons tout ; nous lui devons la loyauté absolue en toutes choses.

Dans I Thessaloniciens 1, Paul a écrit aux croyants de Thessalonique de se rappeler sans cesse de « l'œuvre de votre foi, le travail de votre amour, et la fermeté de votre espérance en notre Seigneur Jésus-Christ » (I Thessaloniciens 1 : 3). Puis, il continue à les féliciter pour leur loyauté envers Dieu et lui-même en tant que leur dirigeant : « Car vous n'ignorez

pas que nous nous sommes montrés ainsi parmi vous, à cause de vous. Et vous-même, vous avez été mes imitateurs et ceux du Seigneur, en recevant la parole au milieu de beaucoup d'afflictions, avec la joie du Saint-Esprit, en sorte que vous êtes devenus un modèle pour tous les croyants de la Macédoine et de l'Achaïe.» (I Thessaloniciens 1 : 5-7) Il a pu féliciter leur loyauté à son égard parce que : (1) il était loyal envers Dieu et (2) ils étaient loyaux envers Dieu. Sans une loyauté envers le Seigneur, notre loyauté envers notre prochain est superficielle et n'a pas de signification éternelle.

L'auteur de l'épître aux Hébreux encourageait les croyants ainsi : «Retenons fermement la profession de notre espérance, car celui qui a fait la promesse est fidèle.» (Hébreux 10 : 23) Dieu est loyal — fidèle — envers nous, et nous devons, en retour, être loyaux envers lui et son évangile. Nous sommes les débiteurs de Jésus-Christ et nous lui devons toute notre loyauté (voir Romains 12 : 1-2).

Il n'y a absolument rien que nous pouvons faire pour mériter le salut en Jésus-Christ. Nous ne pouvons pas nous racheter ni gagner notre propre salut. La rédemption est un don gratuit de Jésus-Christ à tous ceux qui répondent positivement à son appel et qui acceptent sa rédemption. Cependant, l'œuvre rédemptrice de Jésus-Christ en nous portera ses fruits dans notre vie et ses fruits se manifesteront à travers nos bonnes œuvres. «Car c'est par la grâce que vous êtes sauvés, par le moyen de la foi. Et cela ne vient pas de vous, c'est le don de Dieu. Ce n'est point par les œuvres, afin que personne ne se glorifie. Car nous sommes son ouvrage, ayant été créés en Jésus-Christ pour de bonnes œuvres, que Dieu a préparées d'avance, afin que nous les pratiquions.» (Éphésiens 2 : 8-10) Le salut que Christ a forgé dans notre

vie encouragera nos «bonnes œuvres» à refléter la loyauté intense et la fidélité à l'égard du Seigneur.

Nous ne faisons pas de bonnes œuvres dans le but d'acheter le salut, car cela est impossible. Mais, nous nous efforçons de démontrer notre loyauté envers Christ par notre fidèle adhésion à lui et à sa Parole. Une partie de notre fidélité et de notre loyauté envers Christ comprend la loyauté envers les autorités, les amis et la famille. Toutefois, il est clair que nous avons besoin de comprendre les paramètres de la loyauté et de connaître ses limites.

LES LIMITES DE LA LOYAUTÉ

Y a-t-il des limites à la loyauté? La loyauté biblique doit-elle être un dévouement ferme à une autre personne en dépit de ses activités, de son comportement ou de ses idéaux?

Nous vivons à une époque et dans une culture où il faut absolument comprendre les restrictions et les limites de la loyauté. Par exemple, l'immoralité sexuelle est un mal cancéreux de notre société qui limite catégoriquement la loyauté. La loyauté est une qualité louable, mais quand un enfant fait face à un affront infligé par un ami de confiance ou un parent, la loyauté n'est plus justifiable. Cet enfant n'est pas obligé d'être loyal envers une personne qui essaie de l'abuser sexuellement. Le lien parental peut-être rompu lorsqu'un parent tente d'exploiter, sexuellement ou physiquement, un de ses enfants. L'agression rompt le lien de loyauté.

L'Église catholique romaine a enduré de terribles scandales au cours des dernières décennies à cause des agressions sexuelles dans les églises. Les enfants étaient violés par des figures d'autorité de l'Église, puis l'Église gardait le silence et protégeait les agresseurs au lieu des enfants. Ceci

est une claire démonstration des restrictions et des limites de la loyauté. Nous ne devons aucune loyauté aux personnes d'autorité qui nous maltraitent verbalement, physiquement, spirituellement ou sexuellement.

L'Écriture enseigne : «Enfants, obéissez à vos parents, selon le Seigneur, car cela est juste.» (Éphésiens 6 : 1) Ce n'est pas par hasard que Paul a dit : «selon le Seigneur». Quand les parents ne servent pas le Seigneur, les enfants sont en quelque sorte libérés de leur responsabilité envers l'autorité parentale. Le point de vue biblique concernant cette position est évident dans la réaction des disciples à l'égard des autorités dans Actes 4 et 5 :

> Et les ayant appelés, ils leur défendirent absolument de parler et d'enseigner au nom de Jésus. Pierre et Jean leur répondirent : Jugez s'il est juste, devant Dieu, de vous obéir plutôt qu'à Dieu; (Actes 4 : 18-19)

> Pierre et les apôtres répondirent : Il faut obéir à Dieu plutôt qu'aux hommes. (Actes 5 : 29)

La loyauté est associée étroitement à plusieurs concepts clés de la Bible : l'autorité, l'obéissance, l'unité, l'amitié, la direction, la soumission et la sujétion, pour en nommer quelques-uns. Ces thèmes bibliques sont essentiels, mais la contrainte du chrétien à chaque concept est tempérée et équilibrée par ses responsabilités suprêmes envers Dieu.

Notre loyauté est due tout d'abord et principalement à Dieu. Lorsqu'une relation nous détourne de notre loyauté envers Dieu, nous sommes exonérés des obligations de loyauté.

Il n'y a aucune vertu dans l'autorité, l'obéissance ou la soumission en soi. Par exemple, il n'y a aucune vertu pour une personne à obéir à un supérieur hiérarchique qui leur ordonne de faire quelque chose de contraire à l'Écriture. Quel est l'avantage d'être uni si les gens se révoltent ou s'ils ont des pratiques non bibliques? Des individus peuvent s'unir dans le crime ou dans d'autres péchés. La soumission à ceux qui nous mèneraient à l'iniquité n'a aucune vertu. Ainsi, la vertu ne se trouve pas dans l'autorité, l'obéissance, l'unité ou la soumission. La vertu de ces choses est dans la cause noble à laquelle ils adhèrent. Sans cette cause noble, il n'y a pas de vertu.

Aucune autorité ou puissance sur terre n'est plus élevée que celle de Dieu. Ainsi donc, chaque aspect de l'autorité humaine doit être subordonné à la loyauté de Dieu. (Voir Romains 13 : 1-8.)

Il nous faut nous soumettre aux « autorités *supérieures* » (Romains 13 : 1). Quelles sont ces autorités supérieures? Ce sont des structures d'autorité conçues et créées par Dieu. Tant que les structures autoritaires sont ancrées dans les principes solides de la Bible, elles portent l'ordination et l'approbation de Dieu. Quand elles abandonnent ces principes et éloignent les autres de leurs bases divines, ils perdent la bénédiction de Dieu. Par exemple, l'autorité du gouvernement contient la sanction de Dieu qui permet d'atteindre la loi, l'ordre et la civilité dans la société. Mais nos obligations vis-à-vis du gouvernement, de l'autorité, et des autres personnes ont des limites.

Paul a sans doute exprimé le mieux notre responsabilité d'être loyale, quand il a écrit : « Soyez mes imitateurs, comme je le suis moi-même de Christ. » (I Corinthiens 11 : 1)

Nous sommes obligés de respecter l'autorité et de suivre les dirigeants à condition qu'ils suivent Jésus-Christ. Il ne faut pas qu'ils enfreignent notre relation avec Christ ou nous forcent à faire des choses contraires à sa Parole. Notre appel suprême et notre devoir consistent à suivre Jésus-Christ et à lui être loyal. Lorsque quelque chose ou quelqu'un ne nous conduit pas dans les voies du Seigneur Jésus-Christ, nous sommes libérés spirituellement (si ce n'est légalement) de l'autorité.

Considérez l'histoire de Jim Jones et ses adeptes, et leur fin tragique à Jonestown au Guyana, dans l'Amérique du Sud. Le 18 novembre 1978, Jones a conduit ses membres dans un grand massacre humain. Plus de neuf cents adeptes ont trouvé la mort dans un suicide collectif, car ils ont fidèlement obéi aux ordres de leur chef délirant. Les gens ont suivi Jones depuis l'Indiana jusqu'en Californie, puis au Guyana. En ce jour fatidique, Jones leur a fait boire un poison. Ils l'ont suivi de leur plein gré, mais à la fin, Jones a ordonné aux gardes armés de s'assurer que les gens suivaient ses ordres de suicide. La loyauté a quand même des limites.

LA LOYAUTÉ COMME STYLE DE VIE

Les chrétiens doivent être loyaux et fiables. Ceux qui nous entourent devraient se sentir en confiance pour parler de leurs affaires privées, sachant qu'ils ne seront pas trahis. Ils doivent croire que les chrétiens font de leur mieux pour les aider et prier avec eux. Les gens doivent savoir que les chrétiens ne révéleront pas leurs problèmes partagés en confidence, répandant des rumeurs comme un incendie.

Lorsqu'une personne est fiable, les autres auront confiance en elle. La confiance et la fiabilité forment la base

de la loyauté — autant pour ceux qui la donnent que pour ceux qui la reçoivent. La confiance et la fiabilité démontrent la loyauté, et en même temps, elles gagnent la loyauté des autres. La confiance et la fiabilité engendrent la loyauté.

Je connais un homme qui a été accusé de déloyauté parce qu'il a osé rester sur ses principes contre son accusateur. Il a peut-être commis une erreur de jugement quant à sa façon d'accepter leur désaccord. Cependant, il a eu raison de se tenir à ses principes bibliques et consciencieux, même s'il était contraire à l'opinion d'un autre individu.

Face à une divergence d'opinions, nous devrions nous efforcer d'agir comme des chrétiens. Insulter ou contester ceux avec qui nous ne sommes pas d'accord n'est pas éthique. Dans I Pierre 5 : 2-3, un principe est donné aux pasteurs, mais ce principe va bien au-delà.

> Paissez le troupeau de Dieu qui est sous votre garde, non par contrainte, mais volontairement, selon Dieu; non pour un gain sordide, mais avec dévouement; non comme dominant sur ceux qui vous sont échus en partage, mais en étant les modèles du troupeau.
> (1 Pierre 5 : 2-3)

Ceux qui occupent des postes de direction dans une église devraient servir avec humilité. De plus, ils devraient diriger au travers de leur exemple, et pas par autoritarisme. Même si les pasteurs ne sont pas censés agir comme «des seigneurs du patrimoine de Dieu», les responsables ne devraient pas non plus diriger avec une attitude élitiste, supérieure et autoritaire. Dans l'Église, nous sommes tous des croyants, enfants du Père céleste. Nous avons tous des positions, des

responsabilités et des places différentes dans le corps de Jésus-Christ, et nous fonctionnons en conséquence au sein du corps. Toutefois, Paul nous enseigne à nous soumettre les uns aux autres dans la crainte de Dieu (Éphésiens 5 : 21). Jésus-Christ a été loyal envers nous; nous avons le devoir d'être loyaux envers lui. De même, les chefs et les disciples dans le corps de Christ doivent être loyaux les uns envers les autres. Ils doivent se soumettre avec amour les uns aux autres afin de conduire l'Église de Christ. L'attitude qui rejette les autres ou les rebaisse n'est pas acceptable dans le corps de Christ. Chaque membre du corps est important et a un grand rôle à jouer. Tous devraient remplir leur rôle avec diligence et affection pour les autres, exerçant leurs tâches avec une loyauté mutuelle.

CHAPITRE 4

L'IMPORTANCE DE LA CONFIANCE ET DE L'ASSURANCE

Et c'est à cause de cela que je souffre ces choses; mais je n'en ai point honte, car je sais en qui j'ai cru, et je suis persuadé qu'il a la puissance de garder mon dépôt jusqu'à ce jour-là. (2 Timothée 1 : 12)

Il est merveilleux de savoir que le Seigneur est capable de garder ce que nous lui avons confié jusqu'au jour du jugement ! Il est fiable pour garder nos confidences en sûreté dans son amour divin.

Imaginez que vous avez confié votre plus grand secret à votre meilleur ami. Dans un moment de grande détresse et de solitude, vous aviez besoin de parler à quelqu'un. À qui pourriez-vous vous dévoiler si ce n'était votre meilleur ami ? Quel privilège de pouvoir faire confiance en un tel ami !

Quelques jours plus tard, vous apprenez par une tierce personne que votre secret n'est plus un secret. Il est évident que votre meilleur ami a rompu la confiance et a révélé votre secret à d'autres personnes, avides de commérage. Vos sentiments envers cet ami ont bien changé !

Votre cher ami en qui vous faisiez le plus confiance devient soudain un sujet méprisable. Le sentiment privilégié d'avoir un confident s'est transformé en sentiment de trahison et de colère. Vous êtes déçu, découragé, en colère et blessé. Vous venez de récolter le produit amer d'une confiance brisée.

Comme une dent cassée et un pied qui chancelle, Ainsi est la confiance en un perfide au jour de la détresse. (Proverbes 25 : 19)

LA VALEUR D'UNE CONFIANCE

C'est une valeur inestimable que d'avoir des amis intimes avec lesquels nous pouvons partager nos confidences les plus secrètes. Une telle confiance naît d'un grand niveau d'estime et de respect. La confiance est le niveau le plus élevé de la foi. Nous disons que nous avons la «foi» en Dieu, mais avons-nous «confiance» en lui quand les choses ne sont pas comme nous le voulons? La confiance, c'est la foi; mais la confiance est la dimension la plus profonde de la foi. Nous pouvons avoir la foi en Dieu, mais lorsque nous perdons une personne que nous chérissons, nous avons désespérément besoin que cette confiance devienne active. Nous avons besoin que cette confiance nous soutienne lorsque nous sommes incapables de nous soutenir.

Il n'existe personne d'autre que Jésus-Christ en qui nous pouvons mettre notre confiance et notre foi. Nous lui avons fait confiance pour le salut de notre âme. Nous dépendons de lui lorsque nous sommes bouleversés, peinés et déçus. Il est le rocher qui ne vacille pas; il est toujours et à jamais le même — fidèle et sûr. Comme Paul le dit, je sais en qui j'ai cru et placé toute ma confiance. Je suis convaincu qu'il

est capable de garder tout ce que j'ai déposé dans ses mains. (Voir 2 Timothée 1 : 12.)

C'est une valeur inestimable que d'avoir de vrais amis en qui nous pouvons mettre notre confiance, mais l'être humain est fragile, faible et faillible. Seul Dieu ne faillit jamais.

> Mieux vaut chercher un refuge en l'Éternel que de se confier à l'homme; Mieux vaut chercher un refuge en l'Éternel que de se confier aux grands. (Psaume 118 : 8-9)

> Car l'Éternel sera ton assurance, Et il préservera ton pied de toute embûche. (Proverbes 3 : 26)

> Celui qui craint l'Éternel possède un appui ferme, Et ses enfants ont un refuge auprès de lui. La crainte de l'Éternel est une source de vie, Pour détourner des pièges de la mort. (Proverbes 14 : 26-27)

Par-dessus tout, nous devrions placer et garder notre confiance en Jésus-Christ. À travers cette relation avec Christ et son Église, nous nous ferons également d'autres amis en qui nous aurons confiance. Il nous faut modérer la confiance que nous accordons à nos frères et nos sœurs en tenant compte de leur nature humaine. Il faut que nous continuions à reconnaître leur fragilité en tant qu'être humain, car seul le Seigneur est fidèle. Néanmoins, nos amis de confiance sont un don précieux.

Nous avons tous besoin d'amis pour nous soutenir, des personnes à qui nous pouvons demander de prier, de nous conseiller ou de nous consoler. Par moments, nous

avons besoin de savoir que quelqu'un nous aime assez pour nous écouter, nous aimer et prier avec nous. Quelle preuve de confiance lorsque quelqu'un se tourne vers nous pour demander de l'aide! Quelle grande responsabilité lorsque quelqu'un se confie en nous!

GARDER LA CONFIANCE

Paul faisait confiance aux Corinthiens. Il a écrit : «Je me réjouis de pouvoir en toutes choses me confier en vous.» (2 Corinthiens 7 : 16) Il est agréable d'avoir la confiance d'une autre personne, mais c'est également une grande responsabilité.

C'est un grand devoir de partager la confiance de quelqu'un. Quand cette personne nous fait confiance et nous demande de garder un secret, cela devient un important sens du devoir. Nous devenons participants dans un niveau de relation très élevé. Il s'agit d'un niveau d'amitié que nous ne devrions pas prendre à la légère.

Considérons le contraste entre la loyauté qui existe entre deux amis dévoués et la loyauté élémentaire à l'égard de l'humanité démontrée par le bon Samaritain. Un homme a été la victime des brigands sur le chemin entre Jérusalem et Jéricho. Un sacrificateur et un Lévite passant par là l'ont vu, mais ont continué leur chemin; un Samaritain s'est arrêté et a pris soin de l'homme. Il a emmené le blessé dans une auberge et a payé pour son hébergement, promettant de payer les frais supplémentaires à son retour. (Voir le chapitre «Créés pour servir».)

Le Samaritain ne connaissait pas la victime. En ce qui concerne la loyauté ou l'amitié, il ne lui devait rien, car ils

n'étaient pas amis. Il n'a jamais rien promis à cet homme et n'avait donc aucune obligation envers lui. Cependant, il avait un sens de loyauté à l'égard de la responsabilité commune que nous partageons avec notre prochain. Il s'est engagé et il a fait tout son possible pour aider cet homme blessé.

Toutefois, avec une confiance mutuelle, nous prenons engagement de cette confidence envers celui qui nous l'a confié. En permettant à cette personne de se confier à nous, nous devenons alors les gardiens de cette confidence. C'est une sainte obligation que nous avons prise; une confiance sacrée et un devoir d'honneur. Quelle grande responsabilité nous avons! Comment oserions-nous trahir la confiance que cette personne nous a accordée? Or, certains — même des chrétiens — sont négligents et ne se soucient pas de cette information qu'on leur a confiée. Et la rupture de la confidence brise et détruit la confiance entre ces deux personnes.

Un jour, j'ai vu deux hommes qui prenaient leur petit-déjeuner ensemble. Alors qu'ils mangeaient, ils parlaient de plusieurs choses qu'ils aimaient. Cependant, à un moment donné, l'un d'eux a partagé des informations confidentielles qu'il avait reçues. Plus tard, après ce petit-déjeuner, cet homme m'a raconté les circonstances de leur rencontre en ajoutant : « Je ne lui confierai jamais un secret — à moins que je veuille que tout le monde le sache! » Sa confiance et son respect pour l'autre homme ont été complètement détruits, car la confidence de quelqu'un d'autre a été brisée.

Garder fidèlement la confiance et la confidence d'une personne est une question d'éthique importante. Ce que l'homme a fait en brisant la confidence d'un autre était un acte de grande trahison et d'infidélité. Ceci s'éloigne

grandement d'une conduite éthique. Il a rompu la confiance d'une autre personne.

LA CONFIANCE ROMPUE

Cela vous est-il arrivé de rompre la confiance que vos parents vous ont accordée ? Ils ont peut-être cru que vous vous rendriez à un certain endroit, mais vous êtes plutôt allé ailleurs, sachant que cela ne leur plairait pas. Plus tard, ils se sont rendu compte de ce qui s'est passé, et ils se sont sentis trahis par cette confiance qui a été ébranlée. C'est le même sentiment que vous ressentez lorsque votre confiance est brisée par une autre personne. Vous pouvez alors comprendre pourquoi il faut du temps pour que votre relation de confiance et de respect avec vos parents guérisse.

C'est une grave atteinte à la décence humaine de trahir la confiance d'une personne. Les meurtres et les guerres sont à l'origine d'un manque de respect d'autrui.

Il existe une blague dans laquelle il y a trois personnes de religions différentes. Elle est racontée humoristiquement de plusieurs façons, mais la plaisanterie a un effet poignant. Ces trois personnes décident de partager leur confidence sur leur plus grande faiblesse ou péché. Alors que les deux premiers ont confessé leur petit péché, le troisième avoue que sa faiblesse est le commérage. Et, il lui tarde de rentrer pour raconter ses nouvelles découvertes à d'autres personnes !

Cette blague peut faire rigoler, mais la plupart du temps, elle peut être si proche de la vérité. Beaucoup trop de chrétiens de diverses églises trouvent du plaisir dans le commérage. Certains chrétiens essaient de déguiser le commérage sous la forme d'une requête de prière, mais leur motivation est

très claire. Il est triste lorsque nous ne pouvons pas avoir confiance en un chrétien.

Le commérage est l'un des péchés les plus cruels. Sa semence est jetée à tous les vents. Là où la graine du commérage tombe, elles causent de terribles dégâts. Elle nuit à la réputation de la personne ainsi que les relations humaines qui sont concernées. Imaginez-vous les peines et les douleurs infligées par les commérages !

LA CONFIANCE SACRÉE

La confiance est sacrée, surtout quand elle est partagée avec d'autres en confidence. Ce qui est sacré est aussi saint. Nous devons faire attention à notre façon de traiter les choses saintes, y compris notre attitude à l'égard de la confiance sacrée que les autres nous accordent. Dieu s'intéresse à la manière dont nous traitons les « choses saintes ».

Pour certains, les informations dans Ézéchiel 44 : 8, concernant le Temple dans l'Ancien Testament et les fonctions de la loi, sont démodées et obsolètes. Mais, le verset donne une indication quant à la perspective de Dieu concernant ce qu'il a jugé saint comme étant saint : « Vous n'avez pas fait le service de mon sanctuaire, mais vous les avez mis à votre place pour faire le service dans mon sanctuaire. » Pour Dieu, les choses saintes doivent être protégées et manipulées avec soin.

Garder la confiance d'une autre personne est un engagement sacré. Nous devons prendre au sérieux tous nos engagements, et surtout envers ceux à qui nous les faisons et qui comptent sur nous pour garder leur secret et ne pas briser leur confiance. C'est seulement à ce moment-là que nous découvrirons la pureté de la confiance sacrée. Nous serons

le genre d'amis que tout le monde veut avoir, et ainsi nous aurons beaucoup d'amis. Les gens auront confiance en nous et nous respecteront — les deux bases d'une amitié intime. Il est important d'avoir la confiance des autres, mais obtenir celle de Dieu envers nous est bien plus important.

LA CONFIANCE DE DIEU ENVERS NOUS

Il est important que nos amis nous fassent confiance, mais combien est-il important que Dieu ait confiance en nous? Quand Dieu nous permet de traverser la vallée des tentations et des épreuves, il exprime un niveau de confiance et de confidence à notre égard. À travers Paul, Dieu a promis qu'il ne nous tentera pas au-delà de nos forces (1 Corinthiens 10 : 13). Il nous a également promis de fournir une échappatoire. Lors des épreuves, Dieu dit : « Mon enfant, j'ai confiance en toi. Tu peux traverser cette vallée et en sortir victorieux et plus fort. »

Dieu a placé sa confiance en son peuple, en tant que membres de son corps sur la terre. Dieu nous a appelés au ministère pour évangéliser ce monde perdu. Il faut que nous soyons des croyants fidèles, gardant ce qu'il nous a confié. Parmi ces choses, la responsabilité qu'il nous a confiée est la responsabilité sacrée envers les nécessités de nos frères et sœurs. Quand ils nous accordent leur confiance, nous ne devons pas les laisser tomber et les décevoir avec notre comportement contraire à l'éthique. Nous avons un devoir de confiance.

Si nous voulons développer notre loyauté au-delà de nos responsabilités actuelles, nous devons d'abord faire preuve de fidélité pour ce qui nous a déjà été confié. Jésus a dit : « Celui qui est fidèle dans les moindres choses l'est aussi dans les

grandes, et celui qui est injuste dans les moindres choses l'est aussi dans les grandes. Donc, si vous n'avez pas été fidèles dans les richesses injustes, qui vous confiera les véritables ? Et si vous n'avez pas été fidèles dans ce qui est à autrui, qui vous donnera ce qui est à vous ? » (Luc 16 : 10-12)

CHAPITRE 5

L'ÉTHIQUE AU SEIN DES RELATIONS HORIZONTALES

S'il est possible, autant que cela dépend de vous, soyez en paix avec tous les hommes. (Romains 12 : 18)

Recherchez la paix avec tous, et la sanctification, sans laquelle personne ne verra le Seigneur. (Hébreux 12 : 14)

Nous avons commencé cette étude en exposant quelques chapitres fondamentaux qui contiennent des principes importants pour comprendre le sens de l'éthique de la conduite. Sur ce fondement, nous verrons le monde et les gens avec lesquels nous interagissons tous les jours. Quelles sont les règles d'éthiques concernant les relations entre les gens ? Nous allons élargir dans ce chapitre le domaine d'éthique chrétienne.

Que faut-il pour que deux personnes s'entendent ? La réponse remonte à l'enfance. Rappelez-vous lorsque vous étiez tout petit et un autre enfant voulait le jouet que vous aviez dans la main ? Cet enfant n'était pas intéressé par ce jouet jusqu'au moment où vous l'avez pris, et soudain, c'est devenu

le jouet qu'il lui fallait. Ou, l'inverse aurait pu également se passer, puisque nous sommes tous nés avec la même nature humaine égoïste. L'égocentrisme est un caractère que nous devons vaincre et contrôler si nous voulons nous entendre avec les autres.

Peu avant mon mariage, un cher ami pasteur m'a très gentiment donné des conseils concernant le mariage. Devant l'idée préconçue que le mariage est 50/50, il a nié ce fait en totalité. Décrivant le mariage plutôt comme 70/30! Quelquefois on est 70 % et quelquefois on est 30 %. Autrement dit, un mariage réussi est continuellement basé sur le principe du donnant donnant par le mari et par la femme. Cela demande que deux adultes matures admettent que nul n'obtiendra toujours ce qu'il veut. Il faut que les deux renoncent à leurs ambitions égoïstes dans l'intérêt de la relation pour le bien mutuel.

Paul l'a dit de cette façon aux Philippiens : « Ne faites rien par esprit de parti ou par vaine gloire, mais que l'humilité vous fasse regarder les autres comme étant au-dessus de vous-mêmes. Que chacun de vous, au lieu de considérer ses propres intérêts, considère aussi ceux des autres. » (Philippiens 2 : 3-4) Paul a continué en les exhortant à avoir l'esprit de Jésus-Christ. Pour notre salut, Christ a mis de côté sa réputation et il est devenu un serviteur, s'humiliant et mourant sur la croix pour nous sauver (Philippiens 2 : 5-11). Quel bel exemple Christ nous a-t-il donné !

Être prévenant à l'égard des besoins, des pensées, des opinions et des désirs des autres est la vraie clé de la réussite des relations. La patience, la gentillesse, la compréhension, la tolérance, et l'amour sont quelques qualités chrétiennes qui permettent à une personne d'avoir de bonnes relations avec

ses amis. Elles sont toutes indispensables pour créer un code de conduite éthique envers nos semblables.

LES RELATIONS HORIZONTALES PAR RAPPORT AUX RELATIONS VERTICALES

Qu'est-ce que les relations horizontales ? Les relations horizontales font allusion à celles que nous entretenons, par opposition aux relations verticales. Les relations verticales sont celles que nous avons avec ceux qui nous dirigent, ou envers ceux que nous dirigeons. Traiter les autres avec gentillesse et bienveillance nous permet d'apprécier des relations qui sont réciproquement avantageuses et agréables et qui reflètent des qualités de l'éthique chrétienne pure.

Alors que plusieurs principes de conduite éthique sont identiques, nous allons examiner dans ce chapitre principalement les relations horizontales, celles avec notre entourage.

LA RÈGLE D'OR

Comme je l'ai mentionné précédemment, la règle d'or est essentielle à l'ensemble du comportement éthique. Jésus était direct et clair dans son analyse : « Tout ce que vous voulez que les hommes fassent pour vous, faites-le de même pour eux, car c'est la loi et les prophètes. » (Matthieu 7 : 12) (Voir aussi Luc 6 : 31.) L'un des plus grands principes de l'éthique chrétienne consiste à traiter les autres comme nous voudrions être traités; c'est aussi simple que cela. Si vous ne voulez pas qu'on vous traite d'une certaine manière, pourquoi voudriez-vous traiter une autre personne de cette manière ? Traitez les autres avec respect et vous recevrez la même chose.

L'humilité conduira une personne à penser moins à elle-même et plus aux besoins et aux problèmes des autres. Le prophète Michée a exprimé avec concision le point de vue du Seigneur sur l'essence fondamentale de la conduite éthique dans sa prophétie : « On t'a fait connaître, ô homme, ce qui est bien; Et ce que l'Éternel demande de toi, C'est que tu pratiques la justice, Que tu aimes la miséricorde, Et que tu marches humblement avec ton Dieu. » (Michée 6 : 8) N'est-ce pas le point crucial d'une bonne vie et de relations fructueuses avec les autres? Pour apprécier les relations harmonieuses avec notre entourage, il nous faut observer la règle d'or, faire ce qui est juste, accorder la miséricorde, et marcher humblement avec Dieu. Ce n'est pas difficile à comprendre, mais ce n'est pas facile à mettre en pratique.

Romains 12 décrit d'excellents principes que nous devrions poursuivre. Ils nous aideront à mener une vie d'éthique pure vis-à-vis des autres. Paul a d'abord exhorté les Romains à offrir leurs corps comme un sacrifice vivant, à ne pas penser sans arrêt à leurs propres orgueils, besoins et désirs (versets 1-2). Puis, il les a avertis de ne pas avoir une trop haute opinion d'eux-mêmes (verset 3). Paul essayait de les écarter de l'égocentrisme en faveur de l'humilité. Un chrétien devrait vivre en se sacrifiant pour Christ et pour le corps de Christ, l'Église. (Voir Romains 12 : 4-8.)

Dans le reste du chapitre, Paul a mentionné un grand nombre de principes et de caractéristiques que nous devons tous nous efforcer d'atteindre. Si nous les appliquons, nous découvrirons plusieurs excellentes clés concernant la conduite éthique au sein de notre entourage.

Nulle part ailleurs dans les écritures de Paul nous ne trouvons de telles recommandations. Dans ces cinq versets, il y a treize exhortations, concernant l'amour envers des chrétiens jusqu'à l'hospitalité à l'égard des étrangers. Il n'y a aucun verbe conjugué dans le paragraphe. Néanmoins, il y a dix participes employés à l'impératif. Dans les trois autres versets (versets 9, 10 et 11) un impératif doit être appliqué. Chacune des treize exhortations peut être utilisée pour la base d'une prédication. Leurs sujets sont essentiels à la vie chrétienne. (Robert H. Mounce, « Romans », vol. 27, *The New American Commentary* [Nashville : Broadman & Holman Publishers, 1995], 236)

Soyez vrai — Sans hypocrisie

Avant tout, nous devons être vrais – sincères, honnêtes, avec un cœur pur, et sans hypocrisie. « Que la charité soit sans hypocrisie. Ayez le mal en horreur, attachez-vous fortement au bien.» (Romains 12 : 9) Les gens sont blasés des personnes qui sont fausses, qui se cachent derrière une façade et qui ne sont pas sincères; ces gens sont des hypocrites.

Tout comme les décors de cinéma, les façades apparaissent belles et neuves, mais si nous allons derrière, nous ne verrons que des poutres en bois maintenant la fausse façade. Ces façades ne sont donc pas réelles. Et malheureusement, beaucoup de gens sont comme cela. Leur apparence est agréable, mais il n'y a aucune substance derrière la façade.

Le premier et le plus important des principes pour maintenir l'éthique chrétienne est l'authenticité. Le terme « chrétien » suggère qu'une personne est un adepte de

Christ et qu'il lui ressemble. Appartenir à une congrégation religieuse ne fait pas de nous des chrétiens. C'est modeler notre vie sur l'exemple de Jésus-Christ, et reconnaître le salut qu'il a pourvu, qui fait de nous des chrétiens. Il faut que nous soyons réels, authentiques, sincères, car les autres peuvent détecter notre hypocrisie si nous ne sommes pas vrais.

Comme l'a dit Théodore Roosevelt : « Les gens ne se soucient guère de ce que vous savez jusqu'au moment où ils savent combien vous vous souciez d'eux. » Les gens veulent savoir que vous vous intéressez à eux avec sincérité, et que votre souci à leur égard est réel et que vous ne faites pas semblant.

Soyez prévenants les uns envers les autres

Si nous sommes sincères dans notre relation avec Jésus-Christ, nous nous efforcerons de traiter les autres avec gentillesse et affection. Paul a écrit : « Par amour fraternel, soyez plein d'affection les uns pour les autres : par honneur, usez de prévenances réciproques » (Romains 12 : 10). Nous sommes prompts à nous demander : « Qu'est-ce que je gagne ? », et nous sommes lents à voir les besoins et les problèmes des autres. C'est la nature humaine; ceci est peut-être du à l'instinct de survie que Dieu nous a donné.

En tant que chrétiens, nous devons posséder une nouvelle nature supérieure à la nature humaine. Il s'agit d'une nature qui se soucie des autres — qui fait passer les autres avant nos propres ambitions égoïstes. (Voir Lévitique 19 : 18; I Corinthiens 10 : 24; 13 : 5.) Être patients avec les faiblesses des autres et s'occuper des besoins d'autrui, produit de l'harmonie dans nos relations.

Nous qui sommes forts, nous devons porter les faiblesses de ceux qui ne le sont pas, sans chercher notre propre satisfaction. Que chacun de nous recherche la satisfaction de son prochain pour le bien de celui-ci, en vue de l'aider à grandir dans la foi. Car Christ n'a pas cherché sa propre satisfaction, mais il a dit, comme le déclare l'Écriture : Les insultes des hommes qui t'insultent sont retombées sur moi. Or tout ce qui a été consigné autrefois dans l'Écriture l'a été pour nous instruire, afin que la patience et l'encouragement qu'apporte l'Écriture produisent en nous l'espérance. Que Dieu, source de toute patience et de tout encouragement, vous donne de vivre en plein accord les uns avec les autres, conformément à l'enseignement de Jésus-Christ. (Romains 15 : 1-5, version Semeur)

Soyez diligent et fervent
Lorsqu'il s'agit de gérer des affaires et de développer des relations saines, la diligence et la ferveur cultiveront le respect parmi ceux avec qui nous nous associons. Les gens n'aiment pas négocier avec des personnes paresseuses, négligées, indolentes dans leurs pratiques commerciales ou dans leurs attitudes. Ce qui mérite d'être fait mérite d'être bien fait. Il n'y a pas d'excuse à la léthargie et la négligence en ce qui concerne la conduite des affaires et le développement des relations éthiques.

Je connais un homme qui portait une montre automatique. Cette montre se remontait d'elle-même par les mouvements du corps de l'homme. Son patron, pour rigoler, l'a accusé d'être le seul homme qu'il connaissait avec une

montre automatique qui risque de s'arrêter de fonctionner tout en étant à sa poignée. C'était une plaisanterie innocente, mais la leçon est claire. Nous devons être assidus et occupés à notre travail.

Soyez patient

On pourrait écrire un livre entier sur le besoin de démontrer la patience dans nos relations avec les autres. Certains éprouveront notre âme et notre santé mentale, mais la patience nous aidera à nous comporter avec gentillesse à leur égard. Lorsque nous sommes sur le point de perdre notre patience envers les autres, nous devrions nous souvenir de la manière dont Christ nous a traités. Jésus-Christ a fait preuve d'une grande patience à l'égard des humains. De plus, il continue à nous aimer et à être extrêmement patient avec nous.

De quel droit pouvons-nous être brusques et impatients avec les autres lorsque nous bénéficions de la grâce de Jésus-Christ? Paul a écrit au sujet de l'amour aux Corinthiens, et parmi toutes les grandes caractéristiques de l'amour (charité), il a mentionné la patience et la gentillesse. «La charité est patiente, elle est pleine de bonté; la charité n'est point envieuse; la charité ne se vante point, elle ne s'enfle point d'orgueil, elle ne fait rien de malhonnête, elle ne cherche point son intérêt, elle ne s'irrite point.» (I Corinthiens 13 : 4-5)

La patience nous aidera dans notre poursuite de l'éthique chrétienne. Lorsque nous sommes patients avec les autres, nous développons des relations solides et loyales avec notre entourage. Nous recevrons également la patience des autres quand nous en avons besoin, car nous récolterons ce que nous avons semé.

Soyez toujours dans un état de prière

Il est difficile pour une personne qui est régulièrement et quotidiennement en communion avec Jésus-Christ d'être brusque, désagréable ou indifférente à l'égard des autres. Il n'est pas impossible, mais c'est néanmoins difficile. Nous trébuchons tous et n'arrivons pas toujours à vivre à la hauteur de nos idéaux. Mais, nous réalisons immédiatement que notre conduite ne représente pas l'esprit de Christ. Passer du temps dans la présence du Seigneur nous humilie et nous rend conscients de la fragilité humaine et des besoins importants des autres.

> Ce monde aura ses difficultés (Jean 16 : 33), mais le croyant doit être inébranlable durant ce temps de tribulations. La réalité que la vie est, dans une certaine mesure, un parcours d'obstacles évite qu'une personne soit surprise quand les choses ne se passent pas comme prévu. Il faut supporter les afflictions avec patience. Et la source de l'aide spirituelle durant ces périodes est la prière. Paul a conseillé à ses lecteurs en disant ceci : 'Persévérez dans la prière' (Phillips). Barclay a dit : 'Nul ne doit être surpris quand la vie s'effondre s'il tient à la vivre seul' (Barclay, Romans, 166). La plupart des chrétiens confesseront qu'il est difficile de maintenir une vie régulière et efficace dans la prière. Ce n'est pas dur de discerner la raison. Si Satan réussit à nous écarter de Dieu, il n'aura pas à craindre que nous causions des problèmes à son royaume maléfique. (Robert H. Mounce, « Romans », vol. 27, *The New American Commentary* [Nashville : Broadman & Holman Publishers, 1995], 238).

Être dans la prière aligne nos cœurs et nos esprits avec ceux du Seigneur, et cela nous permet d'apprécier et de pratiquer les dispositions les plus élevées de la conduite éthique. Une personne qui prie pense naturellement aux autres et veut glorifier le nom de Jésus-Christ. Par conséquent, sa conduite est authentique et honnête, charitable et prévenante envers tout le monde.

Soyez accueillant

La bienveillance et l'hospitalité sont des traits chaleureux et accueillants encouragés par Paul dans Romains 12 : 13 : «Exercez l'hospitalité». Cependant, on pourrait se demander : *cela veut-il dire que je dois recevoir des étrangers chez moi?* Pas exactement. Le mot dérive du terme grec *philoxenos,* signifiant «hospitalité, s'occuper des étrangers» (James Swanson, *Dictionary of Biblical Languages with Semantic Domains : Greek [New Testament]* [Oak Harbor : Logos Research Systems Inc, 1997]).

À l'époque où Paul écrivait aux Romains, héberger des voyageurs étrangers était de coutume, et c'était un signe d'hospitalité. Toutefois, l'idée du mot sous-entend «prendre soin des étrangers». De nos jours, cela ne veut pas dire héberger les autres pour la nuit. Il s'agit plus généralement de notre attitude envers des étrangers — aider et pourvoir à leurs besoins. L'hospitalité pourrait être sous la forme d'un don spécial ou d'un repas ou bien même partager un petit moment ensemble. C'est trouver ce dont ils ont besoin et être suffisamment touché pour les aider.

Une chose est certaine. Si nous avons vraiment envie d'aider les gens avec humanité et gentillesse, notre hospitalité aura un effet positif sur eux. La porte de nos relations s'ouvrira

largement et nous aurons l'opportunité de les consoler et de les soulager.

Bénissez les autres

Nous devrions tout faire pour être une bénédiction pour les autres et non pas une malédiction (Romains 12 : 14). À travers les caractéristiques pieuses que Dieu a données aux croyants, nous sommes capables de bénir les gens et de faire preuve d'une bonne gentillesse selon l'éthique chrétienne. À une époque où règne une mentalité de vengeance, nous reflétons Christ à ce monde lorsque nous nous abstenons de tout acte de vengeance à l'égard des autres. Même si les autres nous ont maltraités ou injuriés, cela nous sera favorable de les bénir avec gentillesse (voir Romains 12 : 19). Il n'est pas facile de prier pour ceux qui sont désagréables avec nous, mais c'est là le véritable cœur du christianisme.

> Bénissez ceux qui vous maudissent, priez pour ceux qui vous maltraitent. (Luc 6 : 28)

(Voir aussi Matthieu 5 : 44.)

Soyez compatissant et sensible

Paul a écrit : « Réjouissez avec ceux qui se réjouissent; pleurez avec ceux qui pleurent » (Romains 12 : 15). Nous devrions faire preuve de compassion et de sensibilité par rapport aux sentiments des autres, que ce soit dans la joie ou dans la peine. Quelles que soient leurs émotions, nous devrions leur procurer un effet au travers de la compassion spirituelle.

Un pasteur se trouve souvent dans ce genre de situations. Il peut lui arriver de quitter une chambre d'hôpital où une

famille pleure pour aller dans une autre chambre où une famille se réjouit. L'une a perdu un bien-aimé, tandis qu'un jeune couple est heureux de la naissance de leur enfant. Le pasteur pleure avec ceux qui souffrent, et se réjouit avec ceux qui sont heureux. Un pasteur doit être sensible aux besoins des gens et des situations. Dans chaque cas, les émotions et les besoins des gens sont authentiques. L'éthique consiste à comprendre la conduite appropriée pour chaque circonstance.

Plusieurs caractéristiques écrites par Paul dans Romains 12 ne font pas nécessairement toute partie de la conduite éthique. Toutefois, elles participent toutes à la formation et au façonnage des relations. La personne qui suit ces principes agira avec les autres de façon éthique, ce qui engendrera la croissance des bonnes relations.

Soyez juste et équitable

Romains 12 : 16 mentionnent trois attitudes vitales concernant notre relation éthique avec notre entourage. Le premier principe se trouve au début du verset : «Ayez les mêmes sentiments les uns envers les autres.» C'est-à-dire traiter les gens avec justice et équité.

Il est désagréable lorsque quelqu'un nous traite différemment qu'une autre personne — voire jusqu'à nous ignorer. Quel sentiment de malaise! Il nous est nécessaire de traiter tout le monde avec gentillesse et justice, ne faisant aucune différence entre les caractères. Chaque individu mérite le respect, et lorsque nous respectons les autres, nous gagnons leur respect et créons un bon rapport.

Cela vous est-il déjà arrivé de parler avec quelqu'un et de vous rendre compte que cette personne est distraite pendant

que vous lui parlez ? C'est comme si elle cherchait quelqu'un en vous donnant l'impression qu'elle n'était pas intéressée par ce que vous dites. Vous vous sentez rabaissé, voire dévalorisé. Dans chaque relation, nous devons être justes et équitables avec les autres, car tout le monde a de la valeur et mérite d'être respecté.

Se montrer condescendant envers les autres, sans condescendance

La deuxième idée que l'apôtre souligne dans Romains 12 : 16 nous dit : « N'aspirez pas à ce qui est élevé, mais laissez-vous attirer par ce qui est humble. » Cela peut paraître paradoxal, et cependant, nous devrions nous montrer condescendants envers tout le monde, quel que soit leur statut social, sans jamais avoir une attitude de condescendance. Que la personne occupe une position élevée (« N'aspirez pas à ce qui est élevé ») ou pas, elle mérite d'être bien respectée. On reconnaît vite une personne hautaine.

La version du Semeur nous dit : « Ayez les uns pour les autres une égale considération. Ne visez pas à ce qui est trop haut, mais laissez-vous attirer par ce qui est humble. Ne vous prenez pas pour des sages. » (Romains 12 : 16) L'arrogance repousse et écœure les gens. Il est nécessaire de fréquenter tout le monde, peu importe leur position dans la société. Et nous devrions toujours émaner un esprit d'humilité, sans jamais être arrogant.

La définition du mot condescendre pourrait nous apporter une clarification : « descendre à un niveau moins formel ou moins digne… renoncer aux privilèges de statut… ne pas se montrer supérieur. »

Nous devrions renoncer aux privilèges de statut apparents pour pouvoir nous associer avec tout le monde, et ne jamais exhiber un air de supériorité. Une attitude et une approche humbles envers les gens nous aideront à avoir beaucoup d'amis loyaux; mais l'arrogance éloignera les gens. D'ailleurs, Paul fait une conclusion sur l'arrogance et la vanité dans la troisième partie du verset 16.

Évitez l'arrogance et la vanité

Paul écrit : «Ne soyez point sages à vos propres yeux.» Personne n'aime la compagnie des orgueilleux. Certains ont une si haute opinion d'eux-mêmes qu'ils dévaluent la connaissance des autres et pensent que personne d'autre ne peut bien faire les choses. Ou du moins ils pensent que personne n'est capable de faire mieux qu'eux. Ils dénigrent l'opinion des autres en étant si arrogants qu'ils deviennent offensants.

Si un chrétien veut vraiment faire la différence dans le monde, il lui sera nécessaire de bannir l'arrogance et la vanité. Nous ne sommes pas obligés de nous abaisser, mais nous ne devons pas non plus nous considérer comme étant supérieurs aux autres (Romains 12 : 3).

Soyez toujours honnête

Paul insiste une fois de plus sur l'élément essentiel de la conduite éthique : l'honnêteté. Nous devrions toujours être honnêtes dans toutes nos interactions avec les autres. «Ne rendez à personne le mal pour le mal. Recherchez ce qui est bien devant tous les hommes.» (Romains 12 : 17)

Il n'y a jamais une excuse pour la malhonnêteté parmi les chrétiens. Le chrétien doit être constamment vrai et

honnête dans toutes ses actions. Nous ne devrions même pas formuler des paroles mensongères pour tromper une personne. L'honnêteté est la pierre angulaire de l'éthique chrétienne.

Surmonter le mal par le bien

Paul a conclu son discours sur la bonne conduite éthique et les caractéristiques qui facilitent les bonnes relations avec notre entourage. Il a vivement conseillé aux Romains : « Ne te laisse pas vaincre par le mal, mais surmonte le mal par le bien. » (Romains 12 : 17) Un facteur clé pour avoir de bonnes relations avec les autres, c'est la maîtrise du mal par le bien. Les caractéristiques et les principes mentionnés dans Romains 12, qui sont fortifiés par le Saint-Esprit, nous aideront à l'accomplir.

Si seulement nous traitons tout le monde avec la même sincérité, honnêteté, gentillesse, sensibilité et patience, évitant l'arrogance et la vanité, nous ne manquerons jamais d'amis. Nos relations peuvent être exactement comme le Seigneur les a conçues et a désiré qu'elles soient, avec une conduite franche et éthique en toutes choses.

CHAPITRE 6

L'ÉTHIQUE AU SEIN DES RELATIONS VERTICALES — LES DIRIGEANTS AU POUVOIR

Dans son livre *Ethics,* Dietrich Bonhoeffer fait une observation intéressante : «L'arbre de la connaissance du bien et du mal nous a permis de choisir notre propre bien ou mal. Chacun de ces choix peut nous éloigner de Dieu. Nous avons un troisième choix : la volonté de Dieu. »

Certains pensent que l'éthique n'est rien d'autre que la soumission à l'autorité, ce qui n'est pas vrai. L'éthique est la bonne conduite à l'égard de tout le monde, peu importe qui ils sont. Cette personne peut-être notre supérieur, notre égal, ou bien quelqu'un sous notre autorité dans la vie spirituelle ou laïque. Il est important qu'une personne avec un pouvoir sache bien se comporter envers les autres, y compris les gens sous son autorité. Il est également important que celui qui est «sous l'autorité» sache bien se comporter à l'égard de

ses supérieurs. Ces règles de relations verticales s'appliquent dans les deux sens.

NE TOUCHEZ PAS À L'OINT DE L'ÉTERNEL

L'histoire de David et de Saül nous relate l'un des principes les plus importants concernant l'éthique du respect à observer dans nos relations envers l'autorité spirituelle. Nous le voyons dans le récit de leur rencontre dans la caverne d'En-Guédi. (Voir 1 Samuel 24 : 1-22 ainsi que le chapitre 2 de ce livre.) Cette histoire nous montre un principe d'éthique de l'Écriture qui, une fois transgressée, invite la tragédie. Appliquer ce principe du respect est un élément essentiel pour réussir la vie chrétienne, et la vie en général.

Il nous est nécessaire de nous abstenir d'être irrespectueux à l'égard de ceux qui ont de l'autorité sur nous. Ce principe s'applique également dans le domaine naturel ou physique. Considérez par exemple les paroles de Paul dans Actes 23 :

> Paul, les regards fixés sur le sanhédrin, dit : Hommes frères, c'est en toute bonne conscience que je me suis conduit jusqu'à ce jour devant Dieu… Le souverain sacrificateur Ananias ordonna à ceux qui étaient près de lui de le frapper sur la bouche. Alors Paul lui dit : Dieu te frappera, muraille blanchie ! Tu es assis pour me juger selon la loi, et tu violes la loi en ordonnant qu'on me frappe ! Ceux qui étaient près de lui dirent : Tu insultes le souverain sacrificateur de Dieu! Et Paul dit : Je ne savais pas, frères, que c'était le souverain sacrificateur; car il est écrit : Tu ne parleras pas mal du chef de ton peuple. (Acts 23 : 1-5)

(Voir aussi Exode 22 : 28; Ecclésiaste 10 : 20.)

Concernant le respect que nous devons montrer aux autres, Pierre a dit : « Surtout ceux qui courent après la chair dans un désir d'impureté et qui méprisent l'autorité. Audacieux et arrogants, ils ne craignent pas d'injurier les gloires. » (2 Pierre 2 : 10) Nous ne devrions pas mal parler de ceux qui ont une autorité sur nous, spirituelle ou laïque.

Selon Paul, il est inexcusable qu'un croyant attaque la réputation des autres, c'est-à-dire « dire du mal ». Lorsque nous avons des divergences avec ceux qui sont au pouvoir, il y a une façon de faire pour résoudre ces différences. Mais leur manquer de respect par nos paroles n'est jamais la bonne solution. Dieu élève et rabaisse les dirigeants et les chefs dans ce monde — spirituels et laïques. Ils peuvent être élus par nous, mais c'est Dieu qui inspire les gens à élever des personnes spécifiques pour des moments donnés. C'est lui qui dirige les affaires des hommes. (Voir Job 12 : 18; Psaume 75 : 7; Daniel 2 : 21; 4 : 17.) « On jette le sort dans le pan de la robe, mais toute décision vient de l'Éternel. » (Proverbes 16 : 33)

Il est présomptueux de la part d'un homme faillible de croire qu'il sait mieux que le Seigneur ! Si Dieu élève quelqu'un au pouvoir, qui sommes-nous pour dénigrer et mépriser cette personne ? Même si la personne a tort, comme dans le cas de Saül, nous devons la respecter et nous soumettre à elle dans la mesure du possible. Il nous est nécessaire d'attendre que Dieu agisse au moment voulu. Quelle que soit la durée de l'investiture de cette personne, elle a été désignée par Dieu pour assumer cette fonction. Nous n'avons aucun droit de

l'abaisser. Même si sa conduite n'est pas respectable, il nous est nécessaire de respecter la fonction.

LES RELATIONS ENVERS L'AUTORITÉ

Dieu a ordonné et instauré l'autorité, spirituelle et laïque, afin de faciliter une vie de paix, d'harmonie et de règle. La perspective biblique concernant l'autorité se trouve dans les écrits de Paul dans Romains 13 : 1-8, où il dit que tout le monde a le devoir de se soumettre aux autorités : « Que toute personne soit soumise aux autorités supérieures; car il n'y a point d'autorité qui ne vienne de Dieu, et les autorités qui existent ont été instituées de Dieu. C'est pourquoi celui qui s'oppose à l'autorité résiste à l'ordre que Dieu a établi, et ceux qui résistent attireront une condamnation sur eux-mêmes. » (Romains 13 : 1-2).

Paul continue en disant que les personnes au pouvoir ne devraient pas faire peur à ceux qui font le bien, mais plutôt à ceux qui font le mal. Paul appelle même les exécuteurs de l'autorité les « serviteurs de Dieu ». Ils effectuent les tâches planifiées et ordonnées par Dieu pour structurer la vie et établir la paix et l'harmonie. Ceci est aussi vrai pour les agents du fisc qui encaissent les impôts des citoyens.

> Rendez à tous ce qui leur est dû : l'impôt à qui vous devez l'impôt, le tribut à qui vous devez le tribut, la crainte à qui vous devez la crainte, l'honneur à qui vous devez l'honneur. (Romains 13 : 7)

À travers la structure sociale dans ce monde, Dieu a établi l'autorité pour notre bien. Ces relations verticales comprennent des gens qui sont sous notre autorité ainsi que

ceux qui ont une autorité sur nous. L'attitude convenable dans chacune de ces situations est le respect.

LE RESPECT ET LA CONDUITE À L'ÉGARD DE L'AUTORITÉ

Dans Tite 3, Paul décrit la conduite chrétienne et le comportement que nous devons avoir envers l'autorité. (Voir Tite 3 : 1-7.) Les chrétiens doivent se soumettre aux « gouvernants et aux autorités ». Voici quelques caractéristiques du respect et de la conduite chrétiens envers l'autorité :

- la soumission;
- l'obéissance;
- être non critique;
- pacifique;
- gentil; et
- doux et humble.

Nous devons être soumis aux autorités et éviter toute sorte de rébellion. Regardons de plus près ces deux attitudes contraires ainsi que leur rapport avec l'autorité.

La soumission à l'autorité et aux ordonnances

La soumission est un concept peu apprécié dans notre culture post-moderne. Les gens sont obstinés et individualistes. Beaucoup ne souhaitent pas qu'on leur dise ce qu'ils doivent faire.

Il y a quatre choses à savoir pour comprendre la soumission à l'autorité :

1. *Être soumis ne veut pas dire «se laisser faire».* Une personne n'est pas obligée d'abandonner son individualité. Le monde nous a fait croire que la soumission est une faiblesse. Or, une personne individualiste peut quand même être soumise aux autorités, et bibliquement parlant, elle doit adopter une telle attitude.

2. *Être soumis est un avantage pour la personne.* Il existe des avantages promis à celui qui pratique un mode de vie chrétien en se soumettant aux autorités. La soumission apporte des bénédictions à ceux qui sont humbles.

3. *Être soumis engage l'esprit et l'attitude d'une personne, bien plus que ses actions.*

4. *Être soumis est le plan du Seigneur et cela lui plaît.* (Voir I Pierre 2 : 13-18; Tite 3 : Romains 13.)

La soumission plaît à Dieu, car cela discipline et reflète l'esprit et l'attitude d'une personne qui sont essentiellement liés à son salut. Ces choses ne nous donnent pas le salut, car la rédemption est obtenue par la grâce à travers la foi en Jésus-Christ lorsqu'une personne accepte le plan du salut. En revanche, l'esprit et l'attitude d'une personne *affectent* son salut. Un esprit amer et rancunier peut détourner une personne de la beauté du salut et l'attirer vers des choses néfastes. Cela peut également la faire vaciller et arrêter de servir Jésus-Christ. Si l'esprit et l'attitude de la personne sont doux, humbles et soumis aux autres, elle sera plus disposée à

poursuivre des centres d'intérêt saints et vertueux. Ainsi, les gens avec une bonne attitude seront moins distraits et moins attirés vers les choses néfastes, ce qui fortifiera leur relation avec Christ.

Si nous n'avons pas un esprit soumis, nous nous tournerons vers la rébellion. Rejeter un seul mandat de l'Écriture est un acte rebelle et ouvre la porte à plus de rébellion et à un rejet de l'enseignement biblique.

La rébellion

Dans II Pierre 2 : 9-22, Pierre écrit sur les mauvaises paroles contre les dirigeants. Remarquez la sagesse exercée par les anges vis-à-vis des dirigeants et la terrible souffrance de ceux qui sont imprévoyants :

> Le Seigneur sait délivrer de l'épreuve les hommes pieux, et réserver les injustes pour être punis au jour du jugement, surtout ceux qui courent après la chair dans un désir d'impureté et qui méprisent l'autorité. Audacieux et arrogants, ils ne craignent pas d'injurier les gloires, tandis que les anges, supérieurs en force et en puissance, ne portent pas contre elles de jugement injurieux devant le Seigneur. Mais eux, semblables à des brutes qui s'abandonnent à leurs penchants naturels et qui sont nées pour être prises et détruites, ils parlent d'une manière injurieuse de ce qu'ils ignorent, et ils périront par leur propre corruption, recevant ainsi le salaire de leur iniquité. Ils trouvent leurs délices à se livrer au plaisir en plein jour; hommes tarés et souillés, ils se délectent dans

leurs tromperies, en faisant bonne chère avec vous. (II Pierre 2 : 9-13)

Jude a également écrit et averti ceux qui «méprisent l'autorité et injurient les gloires» (Jude 8). (Voir aussi Jude 9-22.) La rébellion est une séparation réelle et dangereuse des voies du Seigneur. De plus, le Seigneur a associé la rébellion avec la sorcellerie. «Car la désobéissance est aussi coupable que la divination, et la résistance ne l'est pas moins que l'idolâtrie et les théraphim. Puisque tu as rejeté la parole de l'Éternel, il te rejette aussi comme roi.» (1 Samuel 15 : 23)

Lorsque nous lisons l'histoire de David et du roi Saül, nous trouvons une étonnante conclusion. David était conscient du danger de se révolter contre Saül même si Saül avait tort et que David avait raison. David s'est même senti coupable d'avoir coupé un pan du vêtement de Saül pour prouver son caractère et sa discipline en ne faisant pas de mal au roi. Tandis que David a évité le piège de la rébellion, Saül, lui, a succombé. Dieu l'a maudit et il a été déchu de son poste d'autorité. Dans les deux cas, nous voyons clairement le danger de la rébellion. L'un provoque un effet positif en évitant la rébellion alors que l'autre provoque un effet négatif sévère. La rébellion est semblable à la sorcellerie !

La délivrance de David des mains de Saül, ainsi que sa promotion au poste de dirigeant au sein du royaume, ne sont pas arrivées instantanément, mais Dieu a élevé David sur le trône. David a veillé à son esprit et son attitude à l'égard de Saül, bien que Saül l'ait tourmenté et poursuivi comme un animal.

Quelles que soient les perceptions du bien et du mal, il faut que nous évitions la rébellion. Aussi longtemps qu'une

personne occupe un poste d'autorité sur nous, nous devons faire preuve de retenue et de respect. Nous devons résister à l'envie de nous rebeller contre l'autorité de cette personne. Néanmoins, les dirigeants peuvent apprendre de la vie de Saül. L'onction d'autorité n'est pas une excuse pour se rebeller contre Dieu. La façon dont le dirigeant exerce son autorité est aussi importante que la manière dont les gens se soumettent à elle.

N'AGISSONS PAS COMME DES SEIGNEURS SUR L'HÉRITAGE DE DIEU

Pierre exprime clairement les responsabilités des dirigeants qui gardent le «troupeau de Dieu», c'est-à-dire les membres de leurs congrégations. Nous connaissons ces personnes en tant que pasteurs, pasteurs adjoints, et différents dirigeants dans les églises locales.

> Voici les exhortations que j'adresse aux anciens qui sont parmi vous, moi, ancien comme eux, témoin des souffrances de Christ, et participant de la gloire qui doit être manifestée: Paissez le troupeau de Dieu qui est sous votre garde, non par contrainte, mais volontairement, selon Dieu; non pour un gain sordide, mais avec dévouement; non comme dominant sur ceux qui vous sont échus en partage, mais en étant les modèles du troupeau. (1 Pierre 5 : 1-3)

Le Seigneur donne l'autorité aux dirigeants spirituels pour les aider à établir l'ordre et l'unité dans le fonctionnement interne de l'Église, le corps de Christ. Alors qu'il est impératif pour ceux qui sont sous leur autorité d'agir correctement, il

est également essentiel que ces dirigeants spirituels exercent leur autorité convenablement. Comment doit-on exercer l'autorité de Dieu ? Il nous est nécessaire de posséder et de démontrer le même esprit et la même attitude que les personnes sous cette autorité, comme le respect, l'honneur, l'intégrité et l'humilité.

Pierre a enseigné que les dirigeants ne sont pas les seigneurs sur l'héritage de Dieu. Ils ont les mêmes devoirs envers les membres de leur église que les membres en ont envers eux. Les dirigeants chrétiens ne doivent jamais oublier à qui l'Église appartient : c'est l'Église du Seigneur, et non pas la leur. Le Seigneur a racheté l'Église par son propre sang précieux. Il a donné des rôles et des responsabilités précis à ses dirigeants, et la façon dont ils se comportent envers les gens est importante.

J'ai connu un dirigeant qui voulait déplacer un certain mur à l'intérieur de son église. Alors qu'il a discuté avec plusieurs hommes sous son autorité, ces derniers lui ont expliqué pourquoi ils pensaient que ce n'était pas une bonne idée. Lors de cette conversation, le dirigeant s'est avancé et a donné un violent coup de pied dans le mur. Il a regardé les hommes en disant : «Descendez ce mur !» La discussion était alors terminée.

Ce dirigeant avait l'autorité pour prendre la décision, mais sa façon d'agir avec arrogance et autorité n'était pas semblable à celle de Christ. Il a démontré une preuve de colère, d'arrogance et d'entêtement. Il n'a montré aucune compassion, humilité ou compréhension en exerçant son autorité. Il a été abusif. Les hommes sous son autorité ont rendu compte à Dieu en étant soumis, mais celui avec l'autorité aurait dû rendre compte en utilisant son autorité

convenablement. Il était peut-être frustré, fatigué et confus, ne sachant peut-être pas comment diriger ses hommes, mais ses réactions étaient excessives.

L'abus du pouvoir a ses propres conséquences. Les responsables laïques subiront des représailles naturelles ou organisées à cause de leur mauvaise gérance, allant jusqu'à la destitution. Les dirigeants spirituels rendront probablement des comptes aux dirigeants de la congrégation ou de l'organisation qui sont au-dessus d'eux lorsqu'ils abusent du pouvoir. Mais, tous rendront compte à Dieu quant à leur façon d'exercer l'autorité. Nous rendrons tous compte à Dieu pour nos attitudes et nos actions. (Voir Romains 10 : 10-13.)

LE RESPECT EST UNE VOIE À DOUBLE SENS

Une figure religieuse, Gordon B. Hinkley, a déclaré «Là où l'esprit de Christ est connu, il y a beaucoup de bonne volonté, de respect mutuel, d'amour, d'estime et de gentillesse» (http.//www.brainyquote.com). C'est ainsi que les relations devraient être dans le corps de Christ. Malheureusement, nous sommes humains et parfois nous disons des choses ou faisons des choses qui ne reflètent pas l'amour et la bonté de Christ. Cependant, si nous voulons que ceux sous notre autorité nous respectent, nous devons veiller à montrer le respect dans nos interactions avec eux. Le respect doit être réciproque si nous voulons qu'il soit efficace.

Lorsqu'un dirigeant réclame le respect et l'honneur, il y a peu de chances qu'il les reçoive. Ou, s'il reçoit le respect et l'honneur qu'il demande, c'est sans aucun doute superficiel, car les gens ne respectent pas ceux qui exigent le respect. Ils respectent ceux qui le méritent. Comment pouvons-nous

mériter le respect des autres? En le donnant, et en étant également respectables.

L'éthique de l'autorité au sein des relations verticales doit venir des deux parties. Il est nécessaire que tous ceux qui sont dans cette relation aient une éthique convenable, quel que soit leur statut d'autorité. Il faut que nous respections, que nous honorions, et que nous fassions preuve de retenue à l'égard de nos dirigeants; mais, il est également nécessaire qu'ils traitent leurs subordonnés avec respect. Ils doivent adopter une attitude diligente et éthique, démontrant un maximum de considération. Sinon, ils sèmeront des graines de rancœur et la relation s'effondra.

CHAPITRE 7

LA CONDUITE ÉTHIQUE ENVERS CEUX DU SEXE OPPOSÉ

Ayant donc de telles promesses, bien-aimés, purifions-nous de toute souillure de la chair et de l'esprit, en achevant notre sanctification dans la crainte de Dieu.
(1 Corinthiens 7 : 1)

Dans sa première lettre aux croyants de Corinthe, Paul a commencé à répondre à quelques-unes de leurs questions concernant le mariage et les relations sexuelles. Paul a commencé le chapitre 7 avec une déclaration étonnante : « … je pense qu'il est bon pour l'homme de ne point toucher de femme. » Qu'a-t-il voulu dire et comment doit-on appliquer ses paroles de nos jours ?

Sans entrer dans une longue conversation sur la théologie, la plupart des commentateurs observent que Paul parlait des avantages du célibat. Toutefois, dans les versets suivants, il a clairement dit qu'en aucun cas il ne dénigrait le mariage ou les relations sexuelles dans le mariage. Néanmoins, la dynamique du mariage, y compris les relations sexuelles, exige que les gens suivent certaines directives bibliques concernant le mariage et le sexe.

Il est intéressant de remarquer que la racine du mot grec que Paul a employé a été parfois utilisée comme : une « expression pour indiquer le rapport sexuel avec une femme » (John D. Barry, Douglas Mangum, Derek R. Brown, et coll., *Faithlife Study Bible* [Bellingham, WA : Lexham Press, 2012, 2016], 1 Corinthians 7 : 1). Un autre commentateur a dit que c'est : un « euphémisme pour désigner le rapport sexuel » (David K. Lowery, « I Corinthians » dans *The Bible Knowledge Commentary : An Exposition of the Scriptures*, éds. J.F. Walvoord et R.B. Zuck, vol. 2 [Wheaton, IL : Victor Books, 1985], 517).

Lorsque Paul disait que ce n'est pas bon qu'un homme « touche » une femme, il a utilisé le mot grec *hapto.* Parmi les quarante fois que ce mot est utilisé dans le Nouveau Testament grec, trente-quatre fois il signifie « toucher ». Quatre fois, il signifie « s'enflammer », comme allumer un feu. Une fois il est utilisé pour dire « affecter de façon négative », et une fois, il signifie « avoir des rapports sexuels ». (Définitions de Faithlife Corporation, « Logos Bible Software Bible Sense Lexicon. » Logos Bible Software, Computer software. Bellingham, WA : Faithlife Corporation, 17 septembre 2016)

Il n'est pas nécessaire d'être très éduqué ou un érudit philosophe ou encore un psychologue pour comprendre que l'idée du « toucher » est devenue une expression ou un euphémisme pour le contact sexuel, qui est le contexte dans lequel Paul a utilisé le mot. La raison que nous partageons ce passage est le suivant : le problème ou le danger mentionné par Paul dans I Corinthiens 7 : 1 ne commence pas avec le rapport sexuel; il commence par un geste inapproprié qui consiste à toucher une personne du sexe opposé.

Les êtres humains ont été créés avec des circuits qui réagissent automatiquement aux stimuli sensoriels causés par le toucher d'un autre humain. Ces causes sont différentes dû à plusieurs facteurs contributeurs, mais à cause du rôle naturel que Dieu a donné aux hommes de procréer et peupler la terre (Genèse 1 : 28), certains contacts entre un homme et une femme peuvent activer des sensations sexuelles, menant au mieux à la tentation et au pire à l'immoralité lorsque ce toucher est inapproprié — c'est-à-dire entre deux personnes qui ne sont pas mariées.

Lorsque mes filles étaient adolescentes, ma femme et moi les avons fortement mis en garde contre les différents touchers que nous avons observés entre les adolescents du sexe opposé. Les touchers que nous avons vus n'étaient pas forcément inappropriés; ces ados semblaient être innocents dans la manière dont ils se touchaient. Cependant, étant donné la manière dont le corps humain répond au toucher, ils ouvraient une porte qui menait à des tentations inutiles et imprudentes.

Lors d'une de nos discussions, elles m'ont répondu : « Papa, tu ne nous fais pas confiance. » J'ai répondu : « Je vous fais confiance, mais je ne fais pas confiance à la chair et je ne fais pas confiance au diable. » En d'autres mots, notre chair réagira automatiquement aux touchers humains, et Satan exploitera ces réponses naturelles et prendra avantage de ces sensations et ces émotions naturelles.

Puisque les croyants reconnaissent qu'ils possèdent ces tendances humaines et charnelles, il est impératif qu'ils fassent des efforts supplémentaires et qu'ils prennent des précautions nécessaires afin de sauvegarder leurs émotions et de se protéger contre les tentations et la déception. Dans

ce chapitre, nous allons nous efforcer d'examiner quelques précautions pratiques pour gérer notre conduite à l'égard des personnes du sexe opposé.

Premièrement, nous allons examiner quelques principes applicables aux deux sexes, que la personne soit célibataire, marié, dirigeant ou ministre.

CONSEILS GÉNÉRAUX

L'honneur et le respect. Le premier principe auquel nous devons tous faire très attention est de traiter les autres avec respect et honneur. Nous avons tous été créés à l'image de Dieu et méritons d'être traités avec le plus grand respect et le plus grand honneur.

L'un des plus grands problèmes avec la propagation de la pornographie dans notre culture actuelle est que les gens sont réduits à des objets, que ce soit la pornographie pour les femmes ou pour les hommes. La pornographie traite l'être humain, qui a été fait à l'image de Dieu, comme un objet crée pour le plaisir égoïste d'une autre personne. Elle manque de respect à l'égard de la création du Tout-Puissant, et par conséquent, déshonore Dieu lui-même.

Le respect pousse une personne à considérer et traiter tout le monde avec honneur. Le respect ne nous permettra pas de profiter des autres en essayant de satisfaire nos désirs égoïstes et ambitieux au détriment de quelqu'un d'autre. C'est exactement ce qui se passe lorsqu'une personne tente de prendre avantage d'une personne du sexe opposé sans se soucier qu'elle est une création divine de Dieu.

Considérez une œuvre d'art rare et de grande valeur. Conscients de sa valeur, nous ne la manipulerions jamais sans soin. Nous veillerions à ce qu'elle soit protégée contre le

climat en la gardant dans un entrepôt où la température est contrôlée. Nous la garderions hors de la portée des enfants qui ne connaissent pas sa valeur, et nous la protégerions des voleurs. Pourquoi tant de précautions ? Parce que nous avons un tel respect pour cet objet, car nous en connaissons sa grande valeur.

C'est ainsi que nous devrions nous comporter avec nos semblables du sexe opposé. Nous reconnaissons leur valeur en tant que créations divines. Nous considérons qu'ils ont une valeur exceptionnelle aux yeux de Dieu. Nous savons qu'ils n'existent pas pour notre propre plaisir, mais pour le plaisir de Dieu (Colossiens 1 : 16). Un tel respect nous contraint à les traiter comme il faut, avec honneur et respect.

Un moyen pour qu'un homme montre son respect à l'égard des femmes est de ne pas suivre des yeux chaque femme immodeste qui passe devant lui. Avant tout, sa conduite est irrespectueuse envers Dieu et envers lui-même. Il se laisse prendre par le piège de la tentation au travers de ses sens visuels. Toutefois, sa conduite dégradante est également irrespectueuse à l'égard des femmes en général et surtout à l'égard de celle qui est avec lui à ce moment-là. Ce genre de comportement pousse les filles modestes à penser qu'elles sont dévaluées et non appréciées à cause de leur modestie. Au lieu de manquer de respect envers les femmes modestes, il devrait soutenir leurs efforts vertueux et les traiter comme de réels trésors. Quelle que soit son approche, il devrait dompter ses yeux et son esprit, les centrer sur ce qui est pur, salutaire et vertueux, et refuser de laisser ses yeux s'attarder sur les femmes qui s'habillent de façon indécente, immodeste et provocante.

À cause de la manière dont elle a été créée, une femme a tendance à moins lutter contre ce genre de tentation envers les hommes. Les principes sont néanmoins les mêmes. Les femmes doivent respecter également les hommes en s'abstenant de faire des commentaires envers ceux qu'elles peuvent considérer comme étant de «beaux gosses». Et comme dans le cas des hommes, elles devraient soutenir et chérir les hommes qui font sincèrement des efforts de se vêtir et de se comporter avec modestie.

Conscients de la droiture dans la conduite et l'apparence. Qu'une personne soit célibataire ou mariée, il y a des situations qu'elle devrait éviter dans l'intérêt de ce qui est approprié ou inapproprié. Les individus devraient éviter les circonstances qui peuvent même sembler douteuses. L'Écriture nous enseigne de nous «abstenir de toute espèce de mal» (I Thessaloniciens 5 : 22). On peut se demander «Qu'est-ce qui est correct, et quelles sont les situations inappropriées?» Considérez ces quelques exemples.

Un couple dans des lieux non publics. Qu'ils sortent ensemble ou pas, un homme et une femme ensemble dans un endroit privé ouvrent la porte aux tentations. Parfois, les réunions ou certaines situations au travail peuvent créer des circonstances où un couple se retrouve soudain seul. Pour protéger leurs émotions ainsi que leurs réputations, ils devraient chercher un endroit public pour finir leur travail ou leur réunion, si cela est possible. Cela ne vaut pas la peine de risquer de tomber dans la tentation, et cela ne vaut pas la peine de ruiner votre bonne réputation. De plus, aucun d'entre nous n'est à l'abri de la tentation et nous sommes tous capables de tomber dans l'immoralité.

Se toucher, même de manière non sexuelle. Comme nous l'avons mentionné précédemment, le contact humain est un stimulant puissant qui déclenche des réactions émotionnelles et physiques, puissantes et involontaires dans le corps humain. Dans le monde des affaires d'aujourd'hui, se toucher et se faire des accolades sont des pratiques courantes, mais cela est dangereux entre les hommes et les femmes qui sont célibataires ou non mariés entre eux.

Récemment, je me suis trouvé dans le hall d'un aéroport, attendant que ma femme sorte de la zone de sécurité. Pendant que j'attendais, j'observais trois personnes, évidemment des collègues, qui revenaient de leur voyage d'affaires ensemble. Avant de se quitter, ils se sont étreints. Leur comportement était certainement innocent et sans connotation sexuelle. Il semble qu'ils étaient coéquipiers en déplacement et qu'ils ont passé la journée ensemble. Leurs accolades n'étaient qu'un geste de camaraderie, d'amitié et d'unité entre membres de l'équipe. Cependant, si l'un d'eux avait des problèmes maritaux, juste une étreinte innocente avec un collègue pourrait ouvrir la porte à la tentation. Elle pourrait même pousser la personne affligée à chercher l'intimité en dehors de son mariage et cela pourrait conduire les personnes en question à l'infidélité.

Les voyages d'affaires. Dans le monde des affaires de nos jours, il n'est pas anormal de partir avec des collègues. Cela peut être une équipe de deux personnes, un homme et une femme, célibataires ou mariés à d'autres. Il serait impossible d'éviter une telle situation dans certaines professions; or, un croyant peut prendre des mesures pour se garder et éviter des situations déplaisantes ou compromettantes.

Premièrement, le vol ne devrait pas poser de problème du moment que les collègues se comportent d'une façon professionnelle en public. Ils sont tous les deux dans un lieu public, travaillant en public, et leur mode de transport est également public. Néanmoins, ils doivent s'assurer qu'ils se conduisent comme il faut afin de ne pas envoyer de faux messages par un comportement séduisant, ou de donner l'impression qu'ils seraient ouverts aux avances de leur collègue.

Deuxièmement, il est important d'éviter de manger ensemble à deux. C'est parfois difficile et cela veut peut-être dire que le croyant doit manger seul. Toutefois, lors d'un repas en tête à tête entre deux personnes — même si c'est dans un restaurant public — les conversations peuvent rapidement devenir intimes et peuvent mettre celles-ci dans une situation très inconfortable ou tentante. Il serait préférable de manger seul ou en groupe. Si nécessaire, on peut même utiliser le service de chambre et manger seul dans sa chambre d'hôtel. Nous devrions éviter la tentation à tout prix et éviter même ce qui pourrait paraître douteux aux autres.

Troisièmement, nous devrions conduire toutes nos réunions d'affaires dans des endroits publics, évitant toutes situations où deux collègues se retrouvent seuls dans un lieu privé.

Quatrièmement, si c'est possible, l'époux du croyant devrait accompagner l'équipe lors du voyage. Cela pourrait être onéreux puisque les coûts supplémentaires seront à votre charge, et cela peut même être impossible à cause des responsabilités domestiques que votre époux doit assurer. Toutefois, si c'est faisable, cela peut supprimer les problèmes des voyages d'affaires.

Finalement, nous devrions surveiller nos paroles, et éviter toute sorte de langage qui peut paraître charmeur ou espiègle. Même des paroles innocentes dites avec désinvolture et d'un ton taquin peuvent être mal interprétées par votre collègue et encourager des avances indésirables. En plus de ces conseils généraux, examinons quelques conseils spécifiques pour les célibataires entourés des personnes du sexe opposé.

CONSEILS SUPPLÉMENTAIRES POUR LES CÉLIBATAIRES

La fréquentation. Elle peut être une belle expérience durant laquelle deux personnes explorent leurs points communs et découvrent leurs caractères, ainsi que les choses que l'autre aime et n'aime pas. Il est dit qu'on ne devrait jamais fréquenter quelqu'un que l'on n'épouserait pas. Cela ne veut pas dire automatiquement que les deux personnes qui sortent ensemble se marieront, mais cela implique qu'elles explorent la possibilité d'une relation à long terme. Avec cette idée en tête, on pourrait se demander : « De quelle manière voudrais-je que l'on traite la personne qui pourrait un jour devenir mon mari ou ma femme ? »

La conduite. Les jeunes gens doivent traiter leurs amis avec beaucoup de respect et d'honneur. Ils doivent être prévenants et courtois. Ils doivent passer un bon moment ensemble et s'apprécier, en s'efforçant d'éviter des propos intimes, un comportement douteux, de se trouver seuls dans des endroits privés, ou toucher la personne, même de façon innocente ou non sexuelle en apparence. On ne doit pas essayer de voir à quel point on peut être séduisant ou jusqu'où on peut flirter sans dépasser les limites de l'indécence. Nous

devrions toujours garder une distance par rapport à la limite culturelle et spirituelle qui constitue la conduite inacceptable ou douteuse. Un croyant devrait toujours faire preuve de classe, d'honneur et de respect.

Les vêtements. Il va de soi que les deux sexes ne devraient jamais dépasser les normes de la décence, de la modestie et de la convenance en ce qui concerne leur tenue vestimentaire. Il ne faut en aucun cas porter des vêtements choquants, immodestes et provocants. Si vous vous habillez, ou vous vous comportez vulgairement, il ne faut pas vous étonner si vous êtes mal vu par les gens. Notre style révèle notre respect envers Dieu, envers nous-mêmes, et envers la personne que nous fréquentons.

Notre couvre-feu personnel. L'objectif de ce texte n'est pas d'établir un couvre-feu pour tous les couples qui se fréquentent. Plusieurs éléments pourraient et devraient être pris en considération pour établir un couvre-feu. Toutefois, il est souhaitable que les célibataires qui se fréquentent s'imposent un couvre-feu. Pour eux, il est souhaitable de fixer à l'avance un moment où ils concluront leur soirée avec leur ami(e). Le fait d'avoir ce temps prédéterminé établit des limites avant que le rendez-vous commence. La personne sait — et informe probablement son ami(e) si nécessaire — qu'elle doit rentrer à une certaine heure. Cela détermine les limites auto imposées sur le temps, ce qui permet à la personne de se gouverner elle-même lorsqu'elle sort. La meilleure discipline est l'autodiscipline et ceux qui respectent notre attitude, y compris ceux avec lesquels nous sortons, nous respecteront et nous apprécieront davantage grâce à notre retenue.

En plus de ces conseils pratiques pour les célibataires, considérez quelques suggestions supplémentaires pour ceux qui sont mariés.

CONSEILS SUPPLÉMENTAIRES POUR LES PERSONNES MARIÉES

Les personnes mariées ont des obligations envers les personnes du sexe opposé quant à leurs vêtements, leur langage, leur comportement et leur conduite.

Les couples mariés doivent établir et respecter des limites dans leur mariage. Par exemple, ils doivent se comporter discrètement et convenablement en compagnie des autres couples, qu'ils soient mariés ou pas. À cause de la relation intime qu'un couple marié partage, il peut être tenté de devenir plus familier dans leur conduite quand ils sont avec d'autres couples mariés.

Les couples doivent maîtriser leur langage en présence d'autres personnes. Il est acceptable de plaisanter lorsque nous sommes seuls avec notre conjoint; mais, lorsque nous sommes avec d'autres personnes, nous devrions nous abstenir. Notre langage ne devrait jamais être inapproprié, suggestif, ou déplacé.

Nos propos et notre comportement devraient toujours être respectueux à l'égard des autres, attentionnés à leurs besoins et leurs émotions. Nous ne devrions pas dépasser les limites de la bonne conduite quand ils sont avec les autres, surtout ceux du sexe opposé. Nous devrions toujours parler et agir correctement et éviter toute conduite douteuse.

Les couples devraient surveiller leur propos en présence des autres. Il est fréquent que les couples deviennent trop familiers quand ils sont avec d'autres couples. Dans ces

moments amicaux, on pourrait penser que c'est acceptable de franchir certaines limites que l'on ne dépasserait jamais en l'absence de notre conjoint. Franchir ces limites est inacceptable, même si notre conjoint est présent. Nous ne devrions jamais ouvrir la porte à la tentation en discutant publiquement des choses qui sont déplacées, entre membres du sexe opposé. Les couples ne devraient jamais devenir trop intimes quand ils discutent avec les autres couples. *Une personne en couple doit strictement éviter d'êtres seuls avec une personne du sexe opposé, à l'exception leur époux(se).* Il faut éviter de se mettre dans des situations compromettantes. Cela peut paraître normal de passer un moment seul avec une autre personne du sexe opposé dans le but d'accomplir un projet ou une tâche commune, mais cela reste dangereux et déconseillé. Être seul avec quelqu'un du sexe opposé qui n'est pas notre époux peut au mieux ruiner notre réputation et au pire nous conduire à la tentation. Comme nous sommes des êtres humains, toute tentation risque de nous distraire de la spiritualité, nous inciter à pécher, et nous détruire par le biais de l'infidélité. Que ce soit pour un projet honorable ou pour une cause noble, l'isolement avec une personne du sexe opposé autre que notre conjoint n'est jamais conseillé.

Les couples doivent être disciplinés concernant leurs divertissements. Le fait d'être marié ne justifie pas que l'on puisse regarder des films pornographiques ou douteux. Avec l'afflux du divertissement sur Internet, un couple peut être tenté de participer à ce genre d'activités. Il pourrait se dire : « Nous sommes seuls à la maison, cela pourra améliorer notre intimité du couple. » Ce que ce couple ne réalise pas c'est qu'il cède aux tentations inappropriées. Un tel divertissement

contient un langage vulgaire et des scènes suggestives; et ces paroles et ces images resteront gravées dans leur esprit. Que le couple soit marié et seul, cela ne change pas les fondamentaux des choses qui sont bien ou mal, convenables ou inappropriées. Ils se doivent un respect mutuel en refusant de faire partie d'un divertissement douteux.

Les couples doivent gérer attentivement leur utilisation d'Internet. La pornographie et les salons de discussion en ligne ont détruit bien trop de mariages, y compris parmi les chrétiens. Il est trop facile pour les croyants bien intentionnés de s'exposer aux tentations et de finir par succomber aux comportements pécheurs qui peuvent les détruire de façon inaltérable et ravager leur mariage et leur famille. Ils devraient utiliser des précautions de sécurité Internet disponibles de nos jours. Ils doivent prendre des mesures de protection pour eux-mêmes ainsi que pour leurs domiciles. Ils devraient installer des filtres Internet sur leurs ordinateurs et installer les ordinateurs dans des endroits ouverts et publics dans la maison. Il est également conseillé de fixer des horaires d'utilisation.

CONSEILS SUPPLÉMENTAIRES POUR LES MINISTRES

À cause de la nature du ministère chrétien, tous ces principes de conduite éthique deviennent exponentiellement essentiels pour les ministres. On ne peut pas surestimer à quel point il est important qu'un ministre surveille sa conduite vis-à-vis du sexe opposé. La moindre petite fissure dans leur comportement, ou une violation de l'éthique, peut devenir un gouffre destructif pour le ministre en tant que personne,

envers son ministère et ceux qui font partie de sa sphère d'influence.

Les ministres doivent maintenir une norme plus élevée de la moralité et des vertus qu'ils prêchent aux autres à partir de la Parole de Dieu. Alors qu'ils défient les autres à suivre les principes bibliques, observent-ils ces mêmes principes?

Paul mentionne un nombre de vertus requises pour les ministres. Il cible surtout ceux qui aspirent à la charge d'évêque; cependant, il se réfère à une plus grande audience. Le terme «évêque» dérive du mot grec *espiskopos* qui signifie «superviser» ou «surveiller» (Kittel, Gerhard, Geoffrey W. Bromiley, et Gerhard Friedrich, éds. *Le Theological Dictionary of the New Testament*. Grand Rapids, MI : Eermans, 1964). Des livres ont été écrits sur la façon d'interpréter et d'appliquer 1 Timothée 3. Les paroles de Paul sont écrites surtout à l'intention des pasteurs puisqu'ils s'occupent du bien-être spirituel des gens. Cependant, il semble tout à fait raisonnable et acceptable d'utiliser *episkopos* pour appliquer les vertus mentionnées par Paul dans un sens général à tous les ministres. Chaque ministre a une influence sur le peuple de Dieu; et selon leurs domaines d'influence, ils sont responsables de leur conduite et de leur rôle de dirigeant devant Dieu.

En plus des qualités se rapportant à l'appel ou à la capacité d'une personne, les qualifications mentionnées par Paul dans 1 Timothée 3 : 1-7 détermine sa conduite et sa réputation personnelles. Il est clair que ceux qui veulent diriger les autres au travers du ministère chrétien assument une grande responsabilité envers Dieu et, à la fin, rendront compte à Dieu. Il est important que les ministres maintiennent une norme de conduite éthique plus élevée afin de pouvoir guider

et influencer positivement et efficacement les croyants dans leur relation avec Jésus-Christ.

LES MINISTRES CÉLIBATAIRES

Les ministres célibataires doivent prendre des précautions supplémentaires pour maintenir une réputation irréprochable. Considérons quelques règles de la conduite éthique qu'ils doivent suivre par rapport au sexe opposé.

Les amitiés. Peu importe leur rôle dans le ministère, étant donné qu'ils sont célibataires, ils auront naturellement envie de développer des relations avec les personnes du sexe opposé. Ces relations sont souvent platoniques et elles se développent à travers des amis ou des points d'intérêt commun. Ces genres de relations sont sains et bénéfiques pour la croissance personnelle et le développement d'un ministre; néanmoins, il est nécessaire de prendre des précautions entre amis pour sauvegarder son cœur et sa réputation.

Avec des amis du sexe opposé, ils sont obligés de suivre les directives décrites dans les sections précédentes dans l'intérêt de leur propre réputation et de l'efficacité du ministère. Ils ne peuvent pas se permettre d'être seuls avec une personne du sexe opposé dans des endroits privés et isolés, même s'ils ne sont qu'amis et n'ont aucune intention d'avoir une liaison amoureuse. Des tentations peuvent toujours arriver lors des rencontres innocentes, et leur relation avec Christ et leur réputation sont trop précieuses pour prendre ce genre de risque. Il est sage et prudent de suivre de bons principes de conduite.

Il est aussi essentiel d'admettre que parfois les relations platoniques peuvent devenir amoureuses. Ceci n'est ni exceptionnel ni anormal. La plupart du temps, ils deviennent

des meilleurs amis, donnant la chance à l'intimité spirituelle de se développer. Puis, il est possible qu'un jour, ils se rendent compte que leur intérêt mutuel est plus qu'une amitié platonique et spirituelle; ils peuvent découvrir chez l'autre le genre de personne avec lequel ils aimeraient passer leur vie, et leur amitié se transforme alors en amitié amoureuse. Une telle transition amplifie leur besoin de rester sur ses gardes de peur qu'ils cèdent à la tentation dans un moment de faiblesse inattendue.

Les fréquentations. Il est normal que les ministres célibataires désirent sortir avec des personnes du sexe opposé. Ils sont humains, et l'appel de Dieu sur leur vie n'élimine pas le désir naturel pour l'amitié et l'intimité avec une personne. Les fréquentations sont le moyen de découvrir et de développer ce genre de relation. Toutefois, les ministres ont une grande responsabilité lorsqu'ils fréquentent et sont en relation avec ceux du sexe opposé. Il faut qu'ils exercent une précaution exceptionnelle et qu'ils veillent à suivre les directives mentionnées dans les pages précédentes.

Souvent, les évangélistes s'abstiennent de sortir avec ceux qui font partie de la congrégation où ils servent, et ils évitent souvent de fréquenter pendant les réunions de réveil. Parfois, les pasteurs demandent ou exigent que les évangélistes s'abstiennent de fréquenter lors des réunions de réveils, et ils hésitent à permettre aux évangélistes de fréquenter les membres de leur congrégation pendant cette période. Ces pratiques et disciplines soulignent les soucis qu'une fréquentation peut causer. Les évangélistes ne peuvent pas être trop prudents quant à leur conduite envers les personnes du sexe opposé. Ils sont humains et les tentations peuvent arriver à tout moment. Mais, en plus, leur réputation risque

d'être anéantie même par un comportement innocent, s'ils s'engagent dans une situation ou une relation douteuse. Il est vital qu'ils limitent leur fréquentation lors des réveils.

Les consultations. Même si les ministres célibataires ne conseillent pas autant que les autres ministres, cela reste possible. Par exemple, considérez un pasteur non marié. Sans doute, il s'est engagé dans le pastorat alors qu'il était célibataire, ou bien il est possible qu'il ait perdu sa compagne et s'est soudainement retrouvé seul. Quel que soit le cas, ce pasteur célibataire fera face à des membres de la congrégation avec un besoin de conseil pastoral. Il est impératif qu'il soit très vigilant lors de leurs consultations.

Il existe parfois des conseillers apostoliques dans la région qui sont diplômés et aptes pour le conseil, ce qui serait une bonne solution pour un pasteur seul. Il y aura pourtant des moments, avant et après les réunions de l'église où une personne peut simplement chercher l'avis de son pasteur. Voici quelques conseils afin de pouvoir bien gérer ce genre de situations utilisées par plusieurs pour se protéger :

1. Certains ministres conseillent leurs membres dans l'église sur l'estrade ou dans le périmètre de l'autel. Plusieurs pasteurs ont trouvé que cette approche est bonne pour plusieurs raisons, mais elle est surtout efficace pour rencontrer les membres du sexe opposé, mariés ou pas.

2. Si le rendez-vous se fait au bureau, soit la porte doit resté ouverte, soit il doit y avoir une grande fenêtre pour être vus des autres afin que l'entrevue ne soit pas privée. Il est clair que certains entretiens doivent demeurer privés, ce qui oblige au pasteur à fermer la porte. Toutefois, les deux personnes ne devraient jamais se trouver en dehors de la vue des autres. Bien entendu, ces directives ne peuvent s'appliquer

que si le bureau est situé dans un endroit passant de l'église. Cependant, si le bureau est isolé, le pasteur ne peut pas se permettre de prendre des risques de tenir des entretiens avec des personnes du sexe opposé dans son bureau. Les pasteurs sont obligés d'observer ce genre de conduite éthique, ce qui ne consiste pas seulement à une protection pour eux-mêmes, mais aussi pour ceux qu'ils rencontrent.

LES MINISTRES MARIÉS

Qu'ils soient mariés ou pas, plusieurs problèmes et responsabilités similaires existent pour tous les ministres. Les évangélistes et les pasteurs qui sont mariés doivent être conscients de leur grande responsabilité morale. Il faut qu'ils réfléchissent à l'avance pour éviter des situations où Satan prendrait plaisir à les piéger. Il se réjouit d'être la cause des tentations exercées sur les ministres, ruinant parfois leur solide réputation et parfois détruisant même leur capacité d'aider les autres avec efficacité.

L'un des domaines de tentation pour les ministres mariés est les moments où ils se trouvent seul pour assumer ses responsabilités ministérielles. Par exemple, un évangéliste qui doit voyager, mais dont l'épouse ne peut pas l'accompagner à cause des responsabilités domestiques. Ce genre de séparation basée sur une entente mutuelle peut fonctionner seulement si les deux partenaires acceptent la dynamique créée par les séparations à court terme.

Ces cas posent des considérations pratiques auxquelles il faut réfléchir. Qui se chargera de payer les factures? Qui s'occupera de l'entretien de la maison? Combien de fois le couple serait-il disponible pour passer du temps de qualité ensemble, et à quel endroit? Et qu'en est-il de leurs besoins

sexuels ? Une longue séparation des conjoints peut laisser place à la tentation. Paul nous parle de ces séparations.

« Ne vous privez point l'un de l'autre, si ce n'est d'un commun accord pour un temps, afin de vaquer à la prière; puis retournez ensemble, de peur que Satan ne vous tente en raison de votre manque de maîtrise. » (1 Corinthiens 7:5) Dieu sait que les séparations privent les époux de leurs moments intimes, et que cela risque d'ouvrir la porte aux tentations sexuelles. Il est possible de succomber à la tentation, fléchir dans leur résolution, et céder à l'infidélité et au péché sexuel. Les ministres mariés devraient reconnaître préalablement les difficultés et les dangers de la séparation temporaire, et les deux conjoints devraient consentir et se préparer à faire face à ces difficultés d'une manière positive et victorieuse.

Nous vivons dans une culture laïque qui interroge le besoin de prendre tant de précautions éthiques pour protéger notre intégrité. La culture suggère : « Nous sommes des adultes. Les décisions que nous prenons et la vie que nous menons ne regardent personne. »

En réponse à cela, nous devons dire que les trésors méritent d'être protégés. Notre intégrité morale et notre réputation chrétienne sont des trésors. Nous devrions faire tout notre possible pour protéger ces trésors contre l'invasion d'une culture impie dominée par des influences diaboliques et des forces sataniques. Il suffit de demander à une personne qui a souffert de la perte de son intégrité à cause d'une défaillance pour comprendre l'immense douleur causée par une telle perte. Cela est tragique lorsqu'une défaillance morale arrive, nous devrions donc tout faire pour l'éviter. Il y a cependant de l'espoir et de l'aide pour ceux qui ont

succombé à la tentation et qui sont tombés dans l'abîme de l'immoralité.

LE PROBLÈME DE L'ÉCHEC MORAL ET SA GUÉRISON

L'auteur des Proverbes a dit : « La réputation est préférable à de grandes richesses, Et la grâce vaut mieux que l'argent et que l'or. » (Proverbes 22 : 1) On peut regagner les richesses, mais il est pratiquement impossible de réparer une bonne réputation qui a été perdue. Regagner une réputation est une chose extrêmement douloureuse et terriblement difficile.

La douleur et la souffrance causées par l'échec moral sont indescriptibles. Il s'agit d'une agonie misérable qui tourmente les victimes, souffrant de la chute dans l'immoralité d'une autre personne; mais c'est aussi une source de souffrance aiguë pour les coupables. Une erreur momentanée de jugement, une faiblesse due à une tentation inattendue, et le coupable est voué à une souffrance impossible pour le reste de sa vie. De plus, prenez cette souffrance et multipliez-la par dix, et vous arrivez à la souffrance causée par l'échec moral subi par un ministre de l'évangile de Jésus-Christ.

Les ministres qui tombent dans l'immoralité perdent non seulement leurs réputations, subissant les conséquences de l'immoralité, mais ils perdent également l'opportunité d'avoir un ministère efficace. Ils se retrouvent soudain dans un lieu isolé sans avoir la possibilité de prêcher, sans avoir un ministère pour ramener les gens à Christ, et sans revenu. C'est une perte dévastatrice.

Cependant, aussi terrible que l'échec moral puisse paraître, tout n'est pas perdu. Le ministre peut regagner le salut et sa relation avec Jésus-Christ. L'échec moral laissera certainement des marques dans la vie d'une personne. Il lui

sera peut-être impossible de reprendre un ministère, mais la grâce de Dieu garantit que la rédemption est possible.

Il est difficile de comprendre à quel point l'échec moral peut être difficile, mais la puissance de la grâce de Dieu est sans égale dans sa capacité de sauver ceux qui sont désespérés et impuissants. Le ministre peut retrouver le pardon et le salut auprès de Jésus.

CONCLUSION

Ce chapitre a tenté de vous encourager et de vous guider afin d'éviter les tentations ou les situations problématiques au travers des interactions avec les personnes du sexe opposé. Qu'ils soient célibataires ou mariés, hommes ou femmes, laïcs ou ministres, tous les croyants doivent protéger leur intégrité et leur réputation avec une extrême prudence et une détermination à maintenir des relations correctes. Hommes et femmes doivent reconnaître les embûches précaires qui entourent leurs relations avec ceux du sexe opposé, et certaines de ces embûches ont le potentiel de dévaster leur vie et détruire leur réputation.

Il est possible que certains d'entre vous déduisent que les conseils donnés dans ce chapitre ne sont pas tous essentiels. Quelqu'un pourrait se dire : « Je suis un chrétien responsable qui aime Dieu. Je ne tomberai pas dans l'immoralité. Il n'y a pas de problème. » Et il est possible que cette personne n'ait jamais de problème et ne souffrira jamais de la perte de sa réputation, au sein de sa communauté ou dans son ministère. Cependant, notre relation avec Jésus-Christ ne mérite-t-elle pas que nous prenions des précautions supplémentaires pour la protéger ? Notre réputation de croyants ou ministres, est-elle si insignifiante que nous nous permettrions d'être

insouciants dans notre façon d'interagir avec les membres du sexe opposé ? En ce qui me concerne, je ne veux pas prendre ce risque. Je chéris trop ce que Dieu m'a donné. De plus, j'ai une femme, trois enfants, et plusieurs petits-enfants qui comptent sur moi et sur la vie que je mène en Christ.

Je crois que je vais choisir la voie de l'intégrité éthique et faire de mon mieux pour ne pas compromettre ma manière d'interagir avec les autres, surtout avec ceux du sexe opposé qui ne sont pas mon épouse ou des membres de ma famille.

CHAPITRE 8

ÉVITER LE PIÈGE DE LA CRITIQUE

Un de mes amis m'a dit un jour : « On n'aime que rarement ce qu'on ne comprend pas. » Il est facile de critiquer les choses que nous ne connaissons pas bien, ou les choses que nous ne comprenons pas !

Les mots critiquer et discréditer n'existent pas dans la Bible, mais les idées qu'ils représentent s'y trouvent. Ces idées sont évoquées dans les termes tels que « calomnie », « blasphème », « dire du mal », « injurier ». Ils dérivent des mots grecs *blasphemo*. *L'Enhanced Strong Dictionary* définit blasphemo comme diffamer ; parler mal : KJV — blasphémer, injurier.

Un autre mot dans le Nouveau Testament exprimant la même idée est *katalaleo*, traduit en anglais (dans la Concordance de Strong) comme étant « un diffamateur », c'est-à-dire calomnier : KJV — parler contre (dire du mal). Ce qui est décrit dans Jacques 4 : 11-12 : « Ne parlez point mal les uns des autres, frères. Celui qui parle mal d'un frère, ou qui juge son frère, parle mal de la loi et juge la loi. Or, si tu juges la loi, tu n'es pas observateur de la loi, mais tu en es juge. Un seul est législateur et juge, c'est celui qui peut sauver et perdre ; mais toi, qui es-tu, qui juges le prochain ? »

DEVRIONS-NOUS JUGER LES AUTRES ?

Le terme « juger » est la traduction du mot grec *krino* signifiant « correctement, distinguer, c'est-à-dire décider (mentalement ou judiciairement); impliquant, juger, condamner, punir : venger, conclure, condamner, maudire, décréter, estimer, juger, porter plainte, ordonner, interroger, condamner, penser » *(Enhanced Strong's Dictionary)*.

Jésus a fermement condamné le jugement des autres de peur que nous soyons jugés de la même façon (Matthieu 7 : 1-2). Nous devrions considérer soigneusement ses enseignements sur le sujet et connaître notre devoir en tant que chrétiens.

Juger les autres

Ne jugez point, afin que vous ne soyez point jugés. Car on vous jugera du jugement dont vous jugez, et l'on vous mesurera avec la mesure dont vous mesurez. (Matthieu 7 : 1-2)

O homme, qui que tu sois, toi qui juges, tu es donc inexcusable; car, en jugeant les autres, tu te condamnes toi-même, puisque toi qui juges, tu fais les mêmes choses. Nous savons, en effet, que le jugement de Dieu contre ceux qui commettent de telles choses est selon la vérité. Et penses-tu, ô homme, qui juges ceux qui commettent de telles choses, et qui les fais, que tu échapperas au jugement de Dieu ? ... qui rendra à chacun selon ses œuvres : (Romains 2 : 1-6)

Il est évident que Jésus et Paul enseignaient que nous ne devons pas juger les autres. Toutefois, beaucoup de gens

dans notre culture contemporaine ont élargi et englobé leur condamnation du jugement au-delà de ce que Jésus et Paul avaient envisagé. Beaucoup réclament l'impunité de leurs mauvaises actions en criant : « Ne me jugez pas ! Ne me jugez pas ! » Ils prennent les écritures de la Bible et les utilisent à mauvais escient. Ils contraignent ainsi des chrétiens bien intentionnés à croire qu'aucun jugement n'est permis, ce qui n'est pas le cas.

Comme nous le voyons dans la définition de ces mots grecs, il existe différents aspects du jugement. Il y a certains jugements que nous devons éviter, et il y en a d'autres que la Bible nous recommande de faire. Comment les distinguer ? Nous pouvons réduire et résumer le concept du jugement dans deux catégories fondamentales :

- discerner, distinguer, déterminer ou décider; et
- condamner ou punir

En examinant ces deux catégories, il est évident que les deux sont différentes, tant par leurs résultats que par le motif. Regardons premièrement l'idée du discernement ou de la détermination.

Faire un jugement de discernement ou de détermination

Lorsque nous étudions l'Écriture, nous voyons que nous pouvons porter des jugements, sans entraîner la condamnation ou la calomnie, et sans discréditer les autres. C'est plutôt, un discernement personnel ou une distinction de certaines choses concernant d'autres personnes ou des situations.

Jésus a fait une illustration concernant deux débiteurs dont leurs dettes ont été effacées. Il a demandé à ses disciples lequel de ces débiteurs aimerait le plus son maître qui a pardonné sa dette. Quand Pierre a répondu que ce serait sans doute « celui auquel il a le plus remis », Jésus a dit : « Tu as bien jugé. » (Luc 7 : 43) D'après Jésus-Christ, un jugement juste existe — tous les jugements ne sont pas tabous. Une fois de plus, dans Luc 12 : 56-57, Jésus a parlé positivement du jugement disant qu'il était nécessaire. Ensuite, il a comparé un certain jugement (v. 57) avec la capacité de discerner (v. 56). Dans Jean 7 : 24, Jésus a mentionné ce qu'il a appelé « juger selon la justice ».

Il y a certains aspects du jugement qui sont justes, voire utiles. C'est une bonne chose de discerner ou de juger certaines situations et de prendre des décisions ou des déterminations basées sur ce jugement. Dans Actes 20 : 16, Luc a fait une référence à Paul étant déterminé de passer devant Éphèse. Dans ce verset, Luc a utilisé le même mot grec *krino,* qui est souvent traduit comme une forme de jugement. Le verset déclare : « Paul avait résolu de passer devant Éphèse sans s'y arrêter » (Actes 20 : 16). En d'autres mots, Paul a pris une décision basée sur son jugement — un discernement ou une détermination — concernant ce qu'il devait faire. C'est ce genre de jugement que nous aurons parfois à faire dans la vie.

D'autres exemples de la même utilisation se trouvent dans Actes 25 : 25 et Actes 27 : 1.

Nous faisons ce genre de jugements et de déterminations chaque jour. Nous décidons ce que nous mangerons au petit-déjeuner, ou quelle route nous allons prendre pour aller d'un point à un autre. Nous décidons s'il est mieux de fêter un

anniversaire le vendredi soir ou le samedi matin. Ce sont des jugements, mais ils ne sont pas forcément mauvais.

De plus, l'Écriture nous ordonne de juger : « Bien-aimés, n'ajoutez pas foi à tout esprit; mais éprouvez les esprits, pour savoir s'ils sont de Dieu, car plusieurs faux prophètes sont venus dans le monde.» (I Jean 4 : 1) Nous devons « éprouver les esprits », c'est-à-dire juger quel type d'esprits nous rencontrons — s'il vient de Dieu ou pas. Ceci requiert un discernement personnel (quoique souvent généré par le Saint-Esprit) ou un jugement que nous devons prendre. Il est essentiel que les chrétiens jugent les esprits autour d'eux.

Les jugements qui condamnent ou punissent
S'il faut que nous discernions les esprits et portions des jugements personnels, quelle sorte de jugements sont condamnés par l'Écriture? Il n'est pas acceptable que nous jugions ou condamnions les autres. Nous pouvons discerner si l'esprit d'une personne est mauvais — et ce discernement nous permettra d'agir avec prudence envers cette personne. Cependant, il ne nous appartient pas de la condamner, sauf si le système judiciaire nous a désignés comme juges pour le maintien d'une société juste. Les magistrats vêtus de leur robe noire ont la tâche et la responsabilité civique de prendre des décisions légales, ce qui n'est pas le cas pour la plupart d'entre nous.

Nous sommes incapables de voir ou de connaître le cœur d'une personne. Dieu seul connaît ces choses. Notre rôle n'est pas de condamner, mais d'aimer et de prier pour les autres. Nous laissons le jugement qui condamne dans la main des juges compétents, et le jugement final appartient à l'unique juge véritable et juste.

Le juste juge

Dieu est le seul juste juge. Lui seul est véritablement juste et capable de discerner le bien et le mal. C'est la raison pour laquelle Paul a condamné ceux qui se vengent. La vengeance appartient à Dieu seul (Romains 12 : 19). (Voir aussi Deutéronome 32 : 35; Psaume 94 : 1; Hébreux 10; 30; 1 Thessaloniciens 4 : 6.)

Un ministre a parlé aux obsèques d'un brigand. Il a lu 2 Corinthiens 5 : 10 : « Car il nous faut tous comparaître devant le tribunal de Christ, afin que chacun reçoive selon le bien ou le mal qu'il aura fait, étant dans son corps. » Puis il s'est adressé à la famille et aux amis : «Cet homme est béni. Il se tiendra devant le seul juste juge. Je ne suis pas son juge. Vous n'êtes pas ses juges. Dieu l'est, et pour cette raison cet homme est béni.»

Dans sa seconde épître à Timothée, Paul a appelé le Seigneur «le juste juge» (II Timothée 4 : 8). De plus, certaines Écritures disent que les jugements du Seigneur sont justes : Psaume 119 : 7, 62, 106, 164; Romains 2 : 5; II Thessaloniciens 1 : 5. Lorsqu'Abraham plaidait auprès de Dieu au nom du peuple de Sodome et Gomorrhe, il est évident qu'il s'attendait à ce que Dieu juge justement :

Faire mourir le juste avec le méchant, en sorte qu'il en soit du juste comme du méchant, loin de toi cette manière d'agir! loin de toi! Celui qui juge toute la terre n'exercera-t-il pas la justice? (Genèse 18 : 25)

Dieu est juste, équitable, et impartial, et il juge selon la justice et la vérité. Ses jugements sont tous «véritables et justes» (Apocalypse 16 : 7). (Voir aussi Psaume 96 : 13;

Romains 2 : 2.) Il ne faut pas oublier que Dieu jugera chacun d'entre nous, mais nous avons confiance en sa justice, son amour, et sa miséricorde qui gouvernent son jugement divin.

Quels sont les principes fondamentaux qui devraient diriger notre conduite éthique concernant notre perception vis-à-vis des autres ?

Un esprit juste

Le plus important pour un croyant c'est que son esprit et son attitude soient justes — sans jugement, sans critique et sans condamnation.

NE PAS DIRE DU MAL DES AUTRES

Il est à la fois présomptueux et mauvais de la part des croyants de mal parler sur les pensées, les motifs et les actions des autres (Tite 3 : 2). Nous sommes incapables de connaître les pensées ou les raisons d'une autre personne. Nous pouvons reconnaître une mauvaise conduite chez les autres, et discerner ou juger ce genre de comportement. Toutefois, nous n'avons ni le droit ni la permission de les condamner. Le Seigneur est le juste juge. Lui seul corrigera leur conduite au temps convenu.

La responsabilité du croyant consiste à aborder la question avec gentillesse, douceur, humilité et grâce. Après tout, qui parmi nous n'a pas commis de faute ou d'erreur de jugement ? Nous avons tous commis des erreurs, mais le Seigneur dans sa grâce a été bon pour nous les pardonner, et notre seul souci à l'égard des autres devrait être qu'ils soient sauvés. Paul a écrit à Tite : « Car nous aussi, nous étions autrefois insensés, désobéissants, égarés, asservis à toute espèce de convoitises et de voluptés, vivant dans la méchanceté et

dans l'envie, dignes d'être haïs, et nous haïssant les uns les autres. Mais, lorsque la bonté de Dieu notre Sauveur et son amour pour les hommes ont été manifestés, il nous a sauvés, non à cause des œuvres de justice que nous aurions faites, mais selon sa miséricorde, par le bain de la régénération et le renouvellement du Saint-Esprit » (Tite 3 : 3-5).

Évidemment, nous devrions nous abstenir de parler mal des autres parce que l'Écriture le condamne. Toutefois, nous pouvons identifier peut-être quelques raisons supplémentaires pour nous empêcher de critiquer les autres.

(1) Premièrement, il faudrait nous abstenir de critiquer car cela est méchant et offensant. Quelqu'un peut tenter de se défendre en disant que c'est les actions des autres qui ont premièrement été offensives. Mais cela ne donne pas le droit à l'autre d'imiter leur conduite en engageant une guerre de mots ignobles. Jésus nous met en garde de ne pas offenser ses enfants dans Marc 9 : 37-42 : « Quiconque reçoit en mon nom un de ces petits enfants me reçoit moi-même ... Mais, si quelqu'un scandalisait un de ces petits qui croient, il vaudrait mieux pour lui qu'on lui mette au cou une grosse meule de moulin, et qu'on le jette dans la mer. »

On pourrait dire que l'offenseur n'était pas un enfant, mais qu'il agissait comme tel. Cela est peut-être vrai, mais Jésus a dit que nous devons tous devenir comme des petits enfants afin d'entrer dans le royaume des cieux (Matthieu 18 : 3). Cela semblerait logique qu'il ne se soucie pas seulement des enfants, mais également des adultes. De plus, une personne n'est peut-être pas encore mûre dans sa relation avec Jésus-Christ.

Nous devrions aimer les gens de tout âge et éviter d'être blessants. Même si nous sommes absolument convaincus que nous avons raison, nous ne devrions pas offenser volontairement les gens.

(2) *Il nous est impossible de connaître tous les faits, et nous ne pourrons jamais connaître les motifs et les intentions des actions des autres.* Qui sommes-nous pour les juger? Nous questionnons leur comportement et notre inquiétude pourrait influencer la façon dont nous agissons avec eux. Par exemple, leurs actions peuvent limiter notre volonté à développer une relation avec eux. Mais, nous devrions quand même les aimer, être gentils avec eux, et prier pour eux. Nous devons prier même pour ceux qui nous font du mal. Jésus a dit : «Mais moi, je vous dis : Aimez vos ennemis, [bénissez ceux qui vous maudissent, faites du bien à ceux qui vous haïssent,] et priez pour ceux [qui vous maltraitent et] qui vous persécutent» (Matthieu 5 : 44)

Le péché de la présomption

Le Larousse définit le mot présomption comme étant : «un jugement fondé non sur des preuves, mais sur des indices, des apparences, sur ce qui est probable sans être certain». Trop de gens — même les croyants — croient trop vite aux nouvelles négatives qu'ils entendent sur les autres, et ils sont lents à croire aux bonnes choses. Par conséquent, ils deviennent parfois coupables de propager des rumeurs ou des insinuations qui mineraient à la réputation d'une personne, que celle-ci soit vraie ou fausse. Ceci est du commérage et c'est aussi un aspect de la médisance. Et, c'est un péché.

Dans sa deuxième épître, Pierre nous avertit que ce péché est sérieux.

Le Seigneur sait délivrer de l'épreuve les hommes pieux, et réserver les injustes pour être punis au jour du jugement, surtout ceux qui courent après la chair dans un désir d'impureté et qui méprisent l'autorité. Audacieux et arrogants, ils ne craignent pas d'injurier les gloires, tandis que les anges, supérieurs en force et en puissance, ne portent pas contre elles de jugement injurieux devant le Seigneur. Mais eux, semblables à des brutes qui s'abandonnent à leurs penchants naturels et qui sont nées pour être prises et détruites, ils parlent d'une manière injurieuse de ce qu'ils ignorent, et ils périront par leur propre corruption, recevant ainsi le salaire de leur iniquité. Ils trouvent leurs délices à se livrer au plaisir en plein jour; hommes tarés et souillés, ils se délectent dans leurs tromperies, en faisant bonne chère avec vous. (II Pierre 2 : 9-13)

(Voir aussi Jude 8-12.)

Pourquoi la nature humaine croit-elle si facilement le pire au sujet des gens? Nous devrions leur accorder le bénéfice du doute, les aimer et prier pour eux. Ce que nous avons entendu n'est peut-être pas vrai, mais si cela se révèle vrai, notre responsabilité éthique demande que nous les aimions et priions pour eux. L'amour ne nous incite pas à propager des nouvelles négatives ou mauvaises. L'amour nous incite à être gentils et à prier. La prière est la meilleure chose que nous puissions faire pour eux.

Le commérage et la médisance des autres sont des maux spirituels. Ils sont contagieux et mortels. Il nous faut nous en

éloigner le plus loin possible. Ces deux modes de conduite dangereuses et infectieuses sont liés à deux autres traits de caractère contagieux : murmurer et se plaindre.

L'esprit de murmure et de plainte

Murmurer et se plaindre sont dirigés par un esprit maléfique qui est contagieux ! Cela ne veut pas dire que celui qui se plaint est possédé par un démon, même si cela peut être possible. Cela signifie plutôt que ces comportements reflètent une attitude qui exécute le travail du diable contre une personne. Lorsque nous propageons des rumeurs, racontons des histoires sur les autres, ou nous plaignons sans arrêt, nous ressemblons à un autre nom de Satan : « l'accusateur de nos frères » (Apocalypse 12 : 10).

Le diable accuse et se plaint contre les croyants de Jésus-Christ. Il n'arrête pas de les déchirer, les empêcher, et les détruire — sans jamais les élever, améliorer leurs vies, les aider, ou les réconforter. En fait, Abaddon le destructeur est un autre nom du diable (Apocalypse 9 : 11).

Trop souvent, nous voyons le travail de l'accusateur et son influence sur les membres de l'église. Il s'acharne à planter des semences de mécontentement chez les chrétiens, les rendant malheureux ou confus. Le diable aime regarder souffrir d'insatisfaction ceux qui se plaignent dans l'église, que ce soit au sujet de la sonorisation, de la température, ou d'une personne assise à leur place habituelle. Tout et n'importe quoi — ils trouveront un moyen de gémir ou de murmurer à quiconque veut bien l'entendre. Leur comportement est contraire à l'éthique dans leur façon de traiter le corps de Christ et la direction de l'église, et c'est également un péché.

Nous devons apprendre à être contents — ou tout du moins à ne pas nous plaindre lorsque quelque chose nous déplaît. Paul a dit aux Philippiens qu'il a «appris à être content», quelle que soit sa situation (Philippiens 4 : 11). Le contentement ne veut pas dire que tout se passe comme nous le voulons. C'est une décision — une décision d'accepter nos circonstances telles qu'elles sont et de trouver le bon côté que Dieu nous réserve.

Malheureusement, il y a des gens qui sont toujours mécontents. On dirait qu'ils ne sont pas contents s'ils ne se plaignent pas de quelque chose.

1. *Considérons le peuple Israël dans le désert.* Lors de l'exode de l'Ancien Testament, les Israélites n'arrêtaient pas de se plaindre. Rien ne pouvait les satisfaire et ils ne faisaient que se plaindre contre les directives de Moïse. (Voir Exode 15 : 24; 16 : 2, 7-12; 17 : 3; Nombres 14 : 2, 27-36, ceci n'étant que quelques exemples des plaintes des Israélites.) Les gémissements et les murmures des Israélites paraissaient interminables. Chaque fois que le Seigneur répondait à leurs plaintes et pourvoyait ce dont ils avaient besoin, ils trouvaient une autre raison pour se plaindre.

J'ai entendu les murmures des enfants d'Israël. Dis-leur : Entre les deux soirs vous mangerez de la viande, et au matin vous vous rassasierez de pain; et vous saurez que je suis l'Éternel, votre Dieu. Le soir, il survint des cailles qui couvrirent le camp; et, au matin, il y eut une couche de rosée autour du camp. Quand cette rosée fut dissipée, il y avait à la surface du désert quelque chose de menu comme des grains, quelque chose de menu comme la gelée

blanche sur la terre. Les enfants d'Israël regardèrent et ils se dirent l'un à l'autre : Qu'est-ce que cela ? car ils ne savaient pas ce que c'était. Moïse leur dit : C'est le pain que L'Éternel vous donne pour nourriture. (Exode 16 : 12-15)

Dieu a envoyé la manne et des cailles pour les nourrir, et ils n'étaient toujours pas contents et se sont plaints (voir Nombres 11 : 6). Dieu et Moise se sont fâchés contre le peuple à cause de leurs murmures permanents, et le Seigneur leur a envoyé tellement de cailles qu'ils en sont tombés malades. (Voir Nombres 11.) Dieu les a jugés à cause de leurs plaintes et leur a envoyé un fléau qui a tué plusieurs d'entre eux (Nombres 11 : 33-34).

2. *Les chrétiens dans les assemblées locales.* On pourrait penser que les croyants, en lisant les histoires de l'Ancien Testament, tireraient des leçons des erreurs des Juifs qui gémissaient et murmuraient. Malheureusement, certaines personnes n'apprennent jamais, et il semblerait qu'il existe toujours des mécontents dans nos églises. C'est bien triste, car il y a tant de choses pour lesquelles nous devrions être reconnaissants, mais il se trouve toujours des gens qui préfèrent murmurer sur les choses qu'ils n'aiment pas.

Une personne qui ne fait que se plaindre en développe une habitude. Parfois, elle ne se rend même pas compte qu'elle a pris cette habitude tellement que celle-ci est devenue une chose normale et une seconde nature pour cette personne. Ceci est dangereux car cet individu-là est tombé dans le piège de la critique. Il devient accaparé par un esprit de critique ou une attitude de murmures et de plaintes constantes.

Ceux qui ont une attitude critique dépassent les bornes et deviennent offensants dans leurs critiques contre la direction et les membres de l'église. Ils discréditent leurs frères et sœurs, ruinant parfois la réputation des autres. C'est effectivement une maladie dangereuse et il faut à tout prix l'éviter. Ce n'est pas éthique de vivre avec des plaintes et des murmures incessantes contre le corps de Christ. Lorsque nous nous plaignons des autres dans l'église, nous commettons une grave erreur sur deux plans : (1) nous nous plaignons contre nous-mêmes, car nous sommes aussi un membre du corps de Christ; (2) nous nous plaignons contre le Seigneur lui-même parce que l'Église est son corps sur la terre.

Détournons-nous de nos esprits critiques et de nos plaintes, et apprenons à être bons et solidaires, et à prier pour les choses qui nous concernent. Que Dieu nous libère de l'esprit critique et que nous apprenions à être véritablement reconnaissants pour ses bénédictions.

CHAPITRE 9

VIVRE EN TANT QUE DIRIGEANT SPIRITUEL

Si nous désirons vivre dans ce monde en tant qu'une personne qui possède un standard d'éthique élevé, il nous faut apprendre à vivre comme les dirigeants spirituels. Nous devrions aspirer à être remarqués comme étant des exemples de la conduite et de la spiritualité chrétiennes.

Phil Stevenson a fait cette observation : « C'est à travers le développement régulier et constant d'une relation avec Dieu que nous devenons de meilleurs dirigeants. La négligence de la croissance spirituelle retardera notre croissance. Les dirigeants ont tendance à se concentrer sur la *réalisation* des choses. Nous planifions des évènements, élaborons des stratégies, prenons des rendez-vous, et préparons des leçons. Aucune de ces activités n'est mauvaise — sauf si le dirigeant ne prend pas le temps d'exercer ses tâches spirituelles nécessaires. » (Phil Stevenson, *5 Things Anyone Can Do to Lead Effectively,* You Can! [Indianapolis, IN : WPH, 2007], 79)

On serait tenté de dire « Mais, attendez ! Je ne suis pas un dirigeant; je ne suis qu'un membre. » Tout le monde dirige quelqu'un. Quelqu'un quelque part nous regarde. Il ou elle observe notre conduite et nos idéaux — ou bien l'absence de ceux-ci — et il ou elle est prêt à nous suivre ou nous imiter.

Pour cette personne, et bien d'autres, nous sommes des dirigeants. Il nous faudrait penser à mener une vie digne d'être suivie ou imitée.

Si nous réduisons l'éthique chrétienne à sa base la plus fondamentale, il s'agit tout simplement de vivre une relation avec Dieu, de faire ce qui lui plaît, et de vivre en harmonie avec les autres. Si nous nous concentrons sur ces trois considérations dans notre vie, nous vivrons selon la pureté éthique de la Bible.

VIVRE EN RELATION AVEC DIEU

Théoriquement, une personne peut être éthique sans être un chrétien. Toutefois, comme nous l'avons dit précédemment dans ce livre, les lois et les principes de base de la moralité proviennent de l'Écriture. Plusieurs principes du christianisme sont des éléments qui sont inséparables de l'éthique. L'élément le plus important de l'éthique chrétienne est la relation d'une personne avec Jésus-Christ.

La base de l'éthique chrétienne requiert une relation avec Jésus-Christ. Si une personne fait preuve de difficulté avec l'éthique, sa conduite contredit sa relation avec Christ. Il manque quelque chose dans notre relation avec Dieu si nous ne pouvons pas démontrer une attitude honnête et éthique.

Une relation avec Christ émane d'une personne remplie du Saint-Esprit et qui marche avec lui. Si nous exerçons régulièrement des disciplines spirituelles, cela nourrit et améliore notre relation avec Christ. La prière, le jeûne, assister régulièrement aux réunions à l'église, la communion fraternelle, lire et étudier la Bible, et méditer sur le Seigneur — toutes ces disciplines nous édifient en Christ. De plus, elles stimulent une croissance spirituelle constante.

Alors qu'une personne croît dans sa relation avec Jésus-Christ, elle devient de plus en plus consciente des choses qui plaisent et déplaisent au Seigneur. Elle augmente sa volonté d'éviter de faire les choses qui déplaisent à Dieu. Elle désire ardemment faire plaisir au Seigneur dans tous les domaines.

FAIRE CE QUI PLAÎT À DIEU

Il y a de la joie à faire plaisir à quelqu'un que nous aimons, que ce soit un époux, un parent, un enfant, ou un ami ! Il est agréable de savoir que nos actions nous unissent d'une façon spéciale, et apportent du bonheur à cette personne. De même, il est agréable de faire plaisir à Dieu et de vivre dans l'aura de la faveur divine.

Alors qu'un chrétien croît dans sa foi et reconnaît ce qui honore et plaît à Dieu, il croît dans la faveur du Seigneur et dans sa relation avec lui. Le croyant mûrit spirituellement et devient un dirigeant pour les autres. C'est ce que nous appelons vivre en tant que dirigeant spirituel.

Il est intéressant de voir ce qui arrive lorsqu'une personne développe sa relation avec Jésus-Christ et s'efforce de lui plaire. Cette personne croît également dans sa relation avec ses frères et sœurs en Christ.

VIVRE EN RELATION ET EN HARMONIE AVEC LES AUTRES

John Donne a écrit le poème intitulé « *Aucun homme n'est une île* », qui dit : « Aucun homme n'est une île, un tout, complet en soi ; tout homme est un fragment du continent, une partie de l'ensemble... » Il n'existe aucun endroit où cela est plus véridique que dans l'Église du Seigneur Jésus-Christ. L'Église

est le corps de Christ sur la terre, avec tous ces différents membres individuels, mais tous faisant partie de l'ensemble. Chaque membre a sa propre place et sa propre fonction dans le corps, mais tous les membres opèrent à l'unisson pour faire fonctionner tout le corps.

Car, comme nous avons plusieurs membres dans un seul corps, et que tous les membres n'ont pas la même fonction, ainsi, nous qui sommes plusieurs, nous formons un seul corps en Christ, et nous sommes tous membres les uns des autres. (Romains 12 : 4-5)

(Voir aussi I Corinthiens 12 : 12-27.)

Il est impensable qu'une personne désire qu'un de ses membres ne fonctionne pas; ceci s'appelle une maladie. Personne ne veut être malade ou subir une opération qui nécessite l'amputation d'un membre quelconque du corps. Pourquoi accepterions-nous un désaccord dans le corps de Christ, l'Église?

Chaque croyant sincère cherchera l'harmonie dans l'église pendant qu'il croît dans sa direction spirituelle. Les chrétiens aspirent à plaire au Seigneur en toutes choses, mais ils cherchent également l'harmonie avec les autres membres de l'église.

Qu'est-ce qui contribue à l'harmonie dans le corps de Christ?

- la prière et la louange;
- la fraternité; et
- l'éthique chrétienne.

Si les croyants agissent envers les autres comme ils aimeraient qu'on agisse envers eux, l'appréciation mutuelle croît et augmente. L'amour que les membres du corps de Christ possèdent les uns envers les autres grandit, et le respect mutuel et la fraternité s'amplifient de façon exponentielle. S'il existe une chose au-dessous de toutes autres choses qui puissent entraver l'harmonie et la fraternité des chrétiens, c'est bien le manque d'une conduite éthique. Le comportement contraire à l'éthique engendre l'hostilité, la rancœur et la discorde. Voilà pourquoi il est si important de nous focaliser sur l'empathie à l'égard de nos frères et sœurs dans l'église, et de traiter les autres avec le plus grand respect éthique possible.

CHAPITRE 10

L'ÉTHIQUE DE L'INFLUENCE

Les médias se plaisent à exposer les échecs moraux des gens puissants et d'influence. L'éthique chrétienne exige qu'une personne prenne conscience de la puissante responsabilité liée au pouvoir et à l'influence qu'elle exerce sur les gens.

Malheureusement, nous vivons dans une époque de méchanceté où la défaillance morale règne parmi les gens puissants et influents. Voici quelques exemples récents :

- L'agression sexuelle des jeunes subalternes par des prêtres de l'Église catholique romaine, et la dissimulation de ces agressions par les responsables catholiques.

- La seconde destitution d'un président dans l'histoire des États-Unis, le Président William Jefferson Clinton, pour avoir menti sous serment et pour obstruction à la justice. Bien que le Sénat n'ait pas voté à le démettre de ses fonctions, sa destitution a tout de même entaché son dossier. La destitution était pour sa malhonnêteté envers le grand jury fédéral, mais le plus grave était probablement parce qu'il a abusé de son pouvoir d'influence vis-à-vis d'une jeune interne. Même dans des situations de relations

sexuelles consenties, la personne la plus âgée qui possède le pouvoir d'influence assume une énorme responsabilité envers une plus jeune personne, qui reste toujours plus impressionnable. En plus des responsabilités éthiques qu'une personne a envers sa sphère d'influence, cette personne a des obligations morales.

- Un grand nombre d'enseignants accusés et jugés pour avoir eu des rapports sexuels avec leurs élèves, ce qui est un abus de pouvoir flagrant.

Il est grave lorsqu'une personne d'influence utilise son pouvoir afin de contraindre ou pousser une autre personne à mal agir ou à se conduire de manière inappropriée. Que ce soit des choses sexuelles, criminelles ou tout simplement une conduite douteuse, les personnes d'influence ne devraient jamais inciter les autres à avoir un tel comportement. Agir ainsi est un abus de pouvoir.

L'influence est un puissant outil que les dirigeants doivent manier avec attention et précaution. C'est un tort de dérouter une autre personne du droit chemin.

EXEMPLES DES GENS INFLUENTS

Tout le monde peut être mis dans une position de pouvoir et d'influence. Ceci est vrai pour les superviseurs, directeurs et patrons. Certains postes ont une grande influence en raison de la nature du travail ou du poste. Considérez les exemples suivants :

- *Un patron et ses employés.* En général, les employés ont peur de leur patron. Ils comptent sur leur salaire

pour vivre. Souvent, leur budget est si serré que s'ils devaient perdre leur emploi, ils ne pourraient vivre que quelques semaines. Et pour cela, ils craignent leur patron et la possibilité qu'il a de les licencier. Cette peur naturelle intensifie le pouvoir d'influence du patron. Celui-ci peut et il devrait utiliser cette influence avec prudence pour l'intérêt de l'entreprise et de l'employé. Lorsque l'influence est utilisée avec malice ou sournoisement, le patron a aussi l'opportunité de forcer ou de pousser l'employé à mal se conduire. Ceci est un abus d'influence.

- *Les policiers.* Un policier a l'autorité, le pouvoir, et l'influence. Il peut se servir de cette influence de façon positive dans la communauté, mais il peut aussi l'exploiter. Un policier peut utiliser son influence pour guider les jeunes vers des activités positives, ou abuser de ce pouvoir pour obtenir des faveurs et des gains de ces victimes. Leur présence évoque aussi la peur qui, une fois de plus, peut mener à l'abus, s'ils veulent profiter des autres. Heureusement, la plupart de nos policiers sont honnêtes, ils servent le public et ils sont des atouts pour la communauté. Mais il est essentiel qu'ils exercent ce pouvoir et cette influence de manière réfléchie et positive.

Pensez à l'impact que l'agent Bobby White a fait sur ces jeunes garçons jouant au basket à Gainesville en Floride. Répondant à une plainte à cause du bruit, l'agent a fini par jouer avec les garçons. Selon un article sur www.nbazone.xyz, « La vidéo de l'officier White interagissant avec les jeunes est vite devenue

virale et regardée par des millions de gens, y compris Shaquille O'Neal. Touché par l'action de l'officier White, le joueur légendaire s'est rendu au bureau de police de Gainesville… Ensuite, O'Neal, l'officier White et d'autres officiers ont décidé d'aller regarder ces jeunes jouer. » Ces hommes ont fait un profond et positif impact sur des jeunes jouant au basket dans la rue. Ils ont montré comment utiliser l'influence d'une manière positive.

- *Les ministres.* Les ministres de l'évangile sont certainement des gens d'influence. Ils assument une grosse responsabilité qui consiste à conduire les gens à Jésus-Christ et à ne pas les abuser. De même que ce qui s'est passé avec les prêtres, il y a eu aussi des ministres dans les églises protestantes qui ont abusé de leur influence et de leur autorité pour recevoir des gains, surtout sexuels. En général, les ministres sont de bons citoyens, qu'ils prêchent le message apostolique ou pas. Ils sont des bénédictions pour leur communauté et une force positive dans le monde. Ils possèdent tous une grande influence et le pouvoir, et ils doivent les exercer avec précautions. Il n'est pas bon d'abuser des gens, que ce soit sur le plan spirituel, physique, sexuel, mental ou émotionnel. Tout abus est mauvais, et lorsqu'il est infligé par des personnes influentes, le péché semble être plus reprochable, honteux et grave.
- *Les enseignants.* Un enseignant a une grande influence dans sa classe. Les élèves désirent qu'on les aime et sont vulnérables aux abus subtils contre

eux. Ils veulent aussi recevoir de bonnes notes et être bien vus dans la classe. Ces désirs ajoutés à leur admiration naturelle à l'égard des enseignants, donnant encore plus de pouvoir et d'influence aux enseignants. Ces derniers sont responsables de leur façon d'exercer cette influence. S'ils s'en servent pour profiter d'un élève, ils devront rendre compte à la société et ultimement à Dieu. Mais si c'est pour guider les élèves dans leur soif de la connaissance, ils seront honorés, reconnus, loués et appréciés. Par-dessus tout, ils auront la satisfaction de savoir qu'ils ont bien fait leur travail et ont maintenu leur intégrité devant Dieu.

- *Les responsables gouvernementaux élus.* Ceux qui sont élus aux différents postes du gouvernement — laïques ou spirituels — sont souvent respectés et admirés. Les fonctionnaires malhonnêtes et dépourvus d'éthique ont l'opportunité de profiter de la situation et d'abuser de leur position pour dominer leurs victimes. Ils sont tenus à utiliser leur influence plus judicieusement pour l'intérêt du public, et à ne pas récolter des bénéfices égoïstes pour eux-mêmes.

En février 2016, plusieurs fonctionnaires élus dans la petite ville Crystal City, dans le Texas, ont été arrêtés. Selon le *Huffington Post*, ces fonctionnaires étaient accusés «d'avoir accepté des milliers de dollars, de pots-de-vin, et d'avoir aidé une opération illégale de jeux... L'inculpation supposée dit que... les fonctionnaires de la ville ont profité de leur position pour s'enrichir en sollicitant et en acceptant des pots-

de-vin.» (*Almost All the Top Officials in This Texas Town Were Arrested for Corruption*, Matt Ferner, accédé le 2 juillet 2016)

Parce que la parole du roi est puissante; et qui lui dira : Que fais-tu ? (Ecclesiastes 8 : 4)

Il est possible qu'une personne profite d'une autre personne sous son autorité, son pouvoir ou son influence. Cependant, les gens mentionnés ci-dessus sont particulièrement prédisposés à la tentation d'exercer leur influence de façon abusive. Il faut qu'ils fassent preuve de précaution et d'éthique pour éviter la tentation de profiter des gens fragiles. Une chose est sûre : la tentation exposera ceux qui opèrent avec une grande éthique et ceux qui exploitent les autres pour leurs propres gains.

CHAPITRE 11

L'ÉTHIQUE
AU TRAVAIL

L'éthique au travail est un sujet important. Les interactions entre les employés et la direction, ainsi que ce qui se passe entre les collègues, sont largement amplifiées à travers une conduite éthique et appropriée. Lorsque la culture de l'entreprise ou d'une organisation favorise une éthique élevée, c'est un avantage pour cette entité ainsi que son personnel. L'éthique est essentielle dans le cadre du travail !

LES POLITIQUES AU SEIN DU BUREAU

«Les politiques au sein du bureau sont les stratégies employées par les gens pour un intérêt, personnel ou pour une cause qu'ils soutiennent. L'expression est souvent mal vue parce qu'elle fait allusion aux stratégies que les gens emploient pour tirer un profit aux dépens des autres ou d'une cause. À cet égard, cela affecte défavorablement l'environnement du travail ainsi que ses relations internes. » (www.mindtools. com « *Dealing With Office Politics* », accédé le 21 juin 2016)

À cause de la nature humaine déchue, les politiques existent dans presque tous les lieux de travail, dans toutes organisations, et dans tous les groupes où un grand nombre de gens sont engagés dans un effort collectif. Les attitudes et les activités générées par les politiques comprennent plusieurs

choses qui ne devraient pas faire partie de la vie d'un chrétien, telles que le commérage, la médisance, les attitudes critiques, et les clans. De telles attitudes ne reflètent pas l'éthique chrétienne, ses valeurs ou sa conduite, mais les chrétiens les rencontrent dans plusieurs milieux professionnels. Les chrétiens devraient se tenir à l'écart de ces politiques négatives. Ils devraient être connus sur leurs lieux de travail comme des personnes de confiance qui ne trahissent pas la confiance des autres. Ils devraient être ceux vers qui les collègues se tournent quand ils ont besoin de prières et de conseils. Ils devraient être les sources de force et de fiabilité au sein de l'entreprise ou de l'organisation.

Il n'est pas facile d'ignorer les critiques et le commérage à notre sujet; cela nous fait du mal et nous démoralise. C'est toutefois le meilleur plan d'action, et le plus éthique. Les chrétiens devraient apporter leurs préoccupations pénibles au Seigneur en priant et en ayant confiance qu'il changera la situation. Peut-être que le Seigneur utilisera ces chrétiens comme des stimulateurs devant cette politique dégoûtante et contrariante. Le Seigneur sait comment transformer une expérience négative en une expérience positive pour ceux qui lui font une totale confiance. (Voir Romains 8 : 28)

L'HONNÊTETÉ

Les chrétiens devraient être connus comme les meilleurs employés et les plus honnêtes dans l'entreprise. Ils devraient être ceux vers qui les dirigeants se tournent lorsqu'ils ont besoin d'un employé pour une tâche délicate, telle que de trier des dossiers confidentiels. Ils devraient être ceux à qui l'on confie la garde de l'argent et des autres biens. Ils devraient être le genre d'employés dont les dirigeants sont

satisfaits, surtout quand ils ont besoin de gens responsables en charge des affaires importantes.

Trop d'employés n'hésitent pas à prendre sans permission des fournitures de bureau pour leur propre utilisation à la maison. Certains se vantent même de ce qu'ils ont «volé» du bureau. D'autres justifient leur conduite malhonnête sous prétexte d'être mal payés. Et quelques-uns frôlent la criminalité en détournant l'argent de la société. Que ce soit une chose de petite valeur ou précieuse, il est inacceptable de voler ou de prendre ce qui ne nous appartient pas. La malhonnêteté n'a pas sa place dans les pratiques éthiques d'un chrétien.

Un employé peut avoir besoin de fournitures pour travailler chez lui après le travail. Dans ces cas, il vaut mieux obtenir l'autorisation avant de prendre ces choses. Même si nous sommes sûrs que notre patron est d'accord, il est toujours préférable de suivre le code d'éthique le plus élevé en demandant la permission. Une telle approche renforcera l'opinion du patron à l'égard de l'employé ainsi que sa confiance en cette personne.

La confiance est primordiale au sein des affaires et les relations professionnelles. L'employeur a besoin d'avoir confiance dans ses employées. Et, réciproquement, les employés devraient également pouvoir faire confiance aux dirigeants, aux superviseurs et aux employeurs. La confiance mutuelle est indispensable dans le travail, ce qui requiert aux chrétiens de pratiquer une éthique irréprochable.

En tant qu'écrivain, je dois traiter un autre aspect de l'honnêteté éthique sur les lieux de travail, Je parle de l'honnêteté de l'écriture — éviter le plagiat. J'aurais pu traiter

ce sujet dans plusieurs chapitres de ce livre, mais j'ai décidé de l'aborder du point de vue de l'œuvre d'une personne.

Il est malhonnête de copier le travail d'une autre personne et de prendre le mérite comme si c'était sa propre œuvre. Le *Larousse* décrit le *plagiat* comme étant : « Un acte de quelqu'un qui, dans le domaine artistique ou littéraire, donne pour sien ce qu'il a pris à l'œuvre d'un autre. »

Je me souviens d'un cas regrettable dans les années 80 alors que j'étais membre du Comité exécutif de la publication de l'Église Pentecôtiste Unie. Nous avons publié un livre et nous y avons découvert — malheureusement après sa publication — un cas grave de plagiat. Nous avons réexaminé le livre, le comparant ligne par ligne avec un autre livre publié en dehors de l'ÉPUI. Des pages entières et même des chapitres avaient été copiés mot à mot. Nous n'avons pas eu d'autre choix que d'arrêter les ventes, de retirer du marché tous les exemplaires, et de les détruire. La malhonnêteté d'une personne a coûté des milliers de dollars à cette publication.

Il s'agit d'un vol de prendre le bien intellectuel d'une personne et de faire croire qu'il s'agit du nôtre. Il existe des lois strictes sur le droit d'auteur qui stipulent la façon dont les mots doivent être ou ne pas être utilisés. Le mérite doit revenir à l'auteur. Même l'usage des citations est gouverné et restreint par la loi.

Qu'on écrive des articles et des livres destinés à la publication ou des documents de recherche pour les devoirs scolaires, il est normal d'attribuer à chacun le mérite qui lui revient. Utilisez vos propres mots et vos propres idées pour la plus grande partie, et limitez-vous au nombre de citations, tout en accordant le mérite à qui il est dû.

RESPECTER LES ENGAGEMENTS

Dans le passé, nous entendions souvent : « Je vous donne ma parole d'honneur. » Si la parole d'une personne est son honneur, elle tiendra toujours ses promesses.

Lorsqu'un chrétien donne sa parole sur quelque chose, les autres personnes doivent pouvoir avoir une entière confiance que cela est la vérité. Si l'employé fait une promesse à son patron, celui-ci doit savoir que cela sera respecté, que ce soit une promesse de finir un projet, de faire des heures supplémentaires, ou de remplacer un autre employé. Quelle que soit la promesse, la parole d'un chrétien devrait être fiable, digne de confiance et crédible.

Nous devrions dire ce que nous pensons et penser réellement ce que nous disons. Trop de gens se portent vite volontaires pour un travail supplémentaire ou des responsabilités, mais quand c'est le moment de le faire, ils sont introuvables. Il est frustrant d'attendre quelqu'un qui a promis de venir à une certaine heure et qui ne se présente pas. Nous devrions tenir nos engagements faits à notre employeur, notre employé ou nos collègues. C'est l'éthique à appliquer.

L'éthique chrétienne nous demande de garder nos promesses et nos engagements. Si quelque chose d'imprévu nous empêche de respecter notre engagement, il nous faut impérativement prévenir dans un temps opportun, nous expliquer et nous excuser auprès de la personne à qui nous avons fait la promesse. C'est cela la conduite éthique.

LA FIABILITÉ

L'aptitude est un grand atout, mais la fiabilité est même plus importante. Posséder une grande capacité à accomplir notre

travail est une chose, mais cette capacité n'est valable que si nous sommes fidèles. Nos compétences sont sans valeur si nous ne présentons pas pour faire ce qui en a été convenu. L'employeur compte sur l'employé. Celui-ci devrait avoir la réputation d'être fiable. Un employeur devrait savoir qu'il peut compter sur un chrétien pour garder sa parole. L'employé devrait être à son travail comme prévu et accomplir ses tâches comme convenu.

Le principe semble s'appliquer moins à l'employeur, mais le patron et la société doivent également être fiables. Quel que soit l'engagement fait aux employés, les employeurs doivent le respecter comme prévu. Si une entreprise veut que ses employés fassent preuve de fiabilité, la direction doit faire la même chose.

L'ÉQUITÉ

Un employeur devrait respecter son engagement et être juste envers ses employés qui font fonctionner son entreprise et réalisent des profits. Il est inacceptable de profiter des gens qui sont pauvres, dans le besoin, ou qui ont des problèmes financiers. L'ouvrier mérite son salaire (Luc 10 : 7). Payez l'employé avec un salaire digne d'une journée de travail. Soyez attentionné, aimable et juste à l'égard de l'employé et de ses besoins.

> Tu n'opprimeras point le mercenaire, pauvre et indigent, qu'il soit l'un de tes frères, ou l'un des étrangers demeurant dans ton pays, dans tes portes. Tu lui donneras le salaire de sa journée avant le coucher du soleil; car il est pauvre, et il lui tarde de le

recevoir. Sans cela, il crierait à l'Éternel contre toi, et tu te chargerais d'un péché. (Deutéronome 24 : 14-15)

Malheur à celui qui bâtit sa maison par l'injustice, Et ses chambres par l'iniquité; Qui fait travailler son prochain sans le payer, Sans lui donner son salaire; (Jérémie 22 : 13)

L'employé a également des obligations envers son employeur. Nous devrions donner au patron une journée de travail digne du salaire que nous recevrons. Nous nous attendons à ce que l'employeur soit juste avec nous, mais nous devons de même être justes avec lui. C'est associé à du vol quand l'employé gaspille son temps de travail, car il est payé par l'employeur. Il peut s'agir de passer la journée au téléphone ou de regarder sur Internet pour un intérêt personnel. S'il est passionné par les médias sociaux, ou bavarde avec ses collègues, cette personne nuit à la productivité de l'entreprise. Pendant que l'employeur paie notre salaire, nous lui devons de travailler en faisant de notre mieux. Nous devrions exceller dans nos performances en échange du paiement de notre salaire préalablement consenti.

Nous ne devrions pas accepter un travail basé sur un salaire proposé, puis critiquer le patron que nous ne sommes pas assez payés. Nous avons convenu d'un salaire. Critiquer le salaire, c'est nous critiquer nous-mêmes. C'est la même chose pour les gens mariés qui critiquent leurs époux. Ils ont choisi de se marier avec cette personne; ainsi, en critiquant leur époux, ils critiquent leur propre jugement.

Regardons la parabole des ouvriers racontée par Jésus. Certains ont été embauchés le matin pour un denier pour

la journée de travail; d'autres ont été embauchés plus tard pour le même salaire. (Voir Matthieu 20 : 1-16.) À la fin de la journée, ils ont été payés; ceux qui avaient été embauchés tôt le matin n'étaient pas contents de recevoir le même salaire que les autres qui avaient travaillé moins d'heures. Leur plainte n'était pas justifiée, car ils avaient été payés selon le montant convenu.

La conduite éthique requiert l'équité de la part de l'employeur et de l'employé. Nous devrions faire ce qui est juste, car ceci est la façon éthique de le faire. Tous les chrétiens devraient être connus comme des personnes qui s'efforcent de faire ce qui est juste.

CHAPITRE 12

L'ÉTHIQUE DE LA GESTION — LE TEMPS, LES FINANCES ET LES TALENTS

Ainsi, qu'on nous regarde comme des serviteurs de Christ, et des dispensateurs des mystères de Dieu. Du reste, ce qu'on demande des dispensateurs, c'est que chacun soit trouvé fidèle. (1 Corinthiens 4 : 1-2)

Être responsable de notre temps, nos finances, et nos talents est un aspect important de l'éthique chrétienne. Le chrétien ne peut négliger ces points tout en ayant une conduite éthique.

Les gens observent nos comportements dans ces domaines et nous jugent en se basant sur notre manière de gérer ces responsabilités. Leurs conclusions établissent finalement notre réputation — qu'elle soit méritée ou injuste. Toutefois, notre fidélité vis-à-vis de ces domaines de responsabilités résulte de notre caractère. Notre éthique concernant notre façon de gérer nos finances, notre temps et nos talents devraient refléter une solide force de caractère.

L'observation de Paul à propos de la gérance est classique : s'ils désirent être des dispensateurs, il leur faut être fidèles. Ils doivent être fidèles par leur caractère, ce qui affecte leur conduite et leurs habitudes. La gérance est donc composée de la fidélité sous tous ces aspects, car la fidélité et la gérance sont liées et inséparables.

FIDÈLES DANS LA GESTION DE NOTRE TEMPS

Le temps est une chose que tout le monde a en commun; personne n'en a plus ou moins qu'une autre. Chacun a le même nombre d'heures dans la semaine : 168 heures. Nous avons tous la même opportunité de décider comment nous allons dépenser ces 168 heures. Si nous décidons de les gaspiller, c'est notre choix. Si nous décidons de consacrer notre temps aux loisirs, c'est également notre choix. Avec notre sens des priorités, nous déterminons également le nombre d'heures consacrées à Jésus-Christ et à son Église. Le temps est un produit de valeur, il nous est nécessaire de réfléchir à la manière dont nous allons le dépenser. Sommes-nous fidèles dans la manière dont nous gérons notre temps?

Regardons l'éthique liée aux différentes façons de dépenser notre temps.

Notre responsabilité de passer du temps avec Dieu

Premièrement, le chrétien doit être fidèle au temps qu'il consacre au Seigneur.

Une personne peut examiner la manière dont il gère son temps en suivant le principe de la dîme, c'est-à-dire «un dixième». Sans être trop légaliste au sujet de notre temps, il semble être un point de départ raisonnable pour évaluer comment une personne dépense son temps. Dans une telle

analyse, considérez une heure par jour à prier, cinq heures par semaine à l'église, et une demi-heure par jour à lire la Bible. Cela s'approcherait du dixième de 168 heures. Ajoutez le temps que vous témoignez, le travail bénévole à l'église, et d'autres efforts pieux et cela placerait la personne au-delà de 10 %.

Ce concept de temps sous forme de dîme est-il vraiment biblique ? Le Seigneur ne nous a-t-il pas placés dans ce monde pour être le sel et la lumière ? Cela semble être assez compartimenté de placer le temps que nous passons en catégories : soit spirituelle soit laïque. Il semblerait que les croyants devraient passer la plupart de leur temps à influencer ce qui est laïque avec ce qui est spirituel. Comment pouvons-nous réellement suivre un tel concept ?

Ce n'est peut-être pas convenable de faire un suivi de notre temps avec une approche si légaliste. Nous devrions plutôt considérer qu'il est important d'être des dispensateurs fidèles tout au long du temps que Dieu nous accorde. Bien entendu, nous avons besoin d'une pause pour notre repos quotidien, mais il nous faut éviter de devenir léthargiques et paresseux. Nous devrions dépenser généreusement notre temps pour le travail de Jésus-Christ ainsi que son Église.

Passer du temps dans la prière doit être notre préoccupation principale en tant que croyants. La prière est notre connexion avec Dieu. C'est à travers la prière que notre croissance spirituelle en Christ et notre développement en tant que chrétiens prennent leurs racines. Sans la prière, le temps passé à l'œuvre de l'église devient superficiel et manque d'importance. La prière donne du sens et de la force spirituelle ainsi que de l'énergie à toutes les dimensions de notre vie.

Considérons le temps que nous accordons aux activités de l'église, à l'adoration, et à la fraternité avec le corps de Christ. L'Écriture nous exhorte à être fidèles à notre assemblée (Hébreux 10 : 25). Les activités collectives avec le corps de Christ sont importantes pour la santé de la congrégation locale ainsi que pour la santé des gens. Nous avons besoin de l'expérience de la prière collective, et aussi de l'effet de la croissance à travers la communion fraternelle avec les autres croyants. L'éthique chrétienne requiert une coopération fidèle et une participation au sein de l'assemblée. Aucun homme n'est une île; chaque personne est un membre de la communauté et nous sommes tous intégralement liés.

Dans sa première épître aux Corinthiens, Paul a écrit en supposant que les croyants se rassembleraient régulièrement (voir I Corinthiens 11 : 18, 20, 33-34; 14 : 26). Des réunions d'adoration avec les membres de l'assemblée sont des aspects essentiels à notre expérience chrétienne. Les moments privilégiés passés dans l'église locale sont une bénédiction pour nous, et pour nos frères et sœurs, et cela remplit l'une de nos responsabilités.

Notre responsabilité de passer du temps avec et pour les autres

Comme de bons dispensateurs des diverses grâces de Dieu, que chacun de vous mette au service des autres le don qu'il a reçu. (1 Pierre 4 : 10)

Nos responsabilités envers l'église locale ne sont pas limitées uniquement à la responsabilité d'adorer Jésus-Christ. Nous avons aussi le devoir d'aider nos frères et sœurs en Christ.

Dieu a doté chaque membre du corps de Christ avec un don bien spécifique (I Corinthiens 12 : 1-7). Lorsque Dieu fait un don à quelqu'un, il a en vue l'édification du corps de Christ. Considérons I Corinthiens 12 : 7 : « Or, à chacun la manifestation de l'Esprit est donnée pour l'utilité commune. » Lorsque nous nous rassemblons pour l'adoration ou la fraternité, nous ne savons jamais le besoin de nos frères et sœurs. Ils ont peut-être besoin d'encouragement. Nous pouvons même encourager quelqu'un sans savoir qu'il en a besoin. C'est ainsi que le corps de Christ est censé fonctionner — chaque membre apporte ce dont il est capable, et ceci profite au corps entier (I Corinthiens 14 : 12, 26; I Pierre 4 : 10-11).

C'est de lui, et grâce à tous les liens de son assistance, que tout le corps, bien coordonné et formant un solide assemblage, tire son accroissement selon la force qui convient à chacune de ses parties, et s'édifie lui-même dans l'amour. (Éphésiens 4 : 16)

En tant que dispensateurs de Jésus-Christ, nous avons une obligation éthique envers le Seigneur ainsi que l'église locale. Nous devrions résister à la tentation de gaspiller égoïstement notre temps sur nous-mêmes. Nous devrions plutôt le passer généreusement pour le Seigneur et son corps. Et pourtant, nous avons une autre obligation éthique concernant le temps que nous passons dans la vie : notre responsabilité envers nous-mêmes.

Notre responsabilité de passer du temps pour nous-mêmes
Dans Marc 6 : 31, Jésus nous dit : « Venez à l'écart dans un lieu désert, et reposez-vous un peu. Car il y avait beaucoup

de passage, et ils n'avaient même pas le temps de manger.» Nous nous devons de nous réserver du temps pour nous-mêmes, pour nous reposer et nous recharger spirituellement. Le Seigneur qui a créé notre corps sait que nous avons besoin de nous reposer et de nous détendre.

Concernant Marc 6 : 31, Vance Havner a dit : «Si nous ne nous arrêtons pas, nous serons arrêtés» (www.christianquotes.info/quotes-by-author/vance-havner-quotes).

Il y a des gens qui se sentent coupables de prendre du temps pour se reposer et se relaxer, mais notre corps en a besoin. Dieu a établi le Sabbat à la création, non pas parce qu'il était fatigué, mais parce qu'il connaissait la nature fragile des êtres humains. (Voir Genèse 2 : 1-3.) Ils n'ont pas été créés pour travailler sans arrêt sept jours par semaine.

Il est intéressant de voir que, depuis un certain nombre d'années, les adeptes des programmes variés de régime amincissant ont reconnu et promulgué la nécessité de bien se reposer la nuit. Ils ont déduit que, si l'on se repose suffisamment chaque nuit, cela aide le corps humain à gérer le poids, surtout lorsque l'on veut maigrir.

Nous avons la responsabilité de donner à notre corps le temps nécessaire à prendre le repos dont il a besoin. Beaucoup de personnes — y compris parmi les chrétiens — sont accros au travail et méprisent l'idée de dormir ou de se reposer. Or, si nous voulons garder une bonne santé et être productifs tout au long de notre vie, il nous est nécessaire de laisser le temps à notre corps à se reposer suffisamment. Nous devons suivre un plan qui consiste à prendre le temps d'avoir :

- une bonne nuit de sommeil chaque jour;
- des moments pour nous détendre ou changer les idées, dans la journée ou la soirée; et
- des occasions de s'évacuer le stress et le surmenage en prenant des vacances ou de petits week-ends afin de s'échapper de la routine du quotidien.

ÊTRE FIDÈLE DANS LA GESTION DES FINANCES

Les chrétiens ont une obligation éthique envers la gestion de leurs finances. Tout comme pour le temps que les croyants consacrent aux choses de la vie, ils ont également une responsabilité concernant la façon de dépenser leur argent. Nous avons des responsabilités financières envers Dieu, les autres et nous-mêmes.

Notre responsabilité envers Dieu concernant notre façon de gérer nos finances

Un homme trompe-t-il Dieu ? Car vous me trompez, Et vous dites : En quoi t'avons-nous trompé ? Dans les dîmes et les offrandes. (Malachie 3 : 8)

L'idée de voler de Dieu est-elle étrange ? Il est difficile d'imaginer qu'une personne serait capable de voler du Souverain de l'univers, mais cela est quand même possible. Malachie a dit aux gens qu'ils dérobaient (volaient) Dieu en refusant de payer les dîmes et les offrandes.

La dîme appartient au Seigneur (Lévitique 27 : 30). Il ne s'agit pas du montant de notre argent que nous mettons de côté pour l'offrir à Dieu. Mais c'est plutôt une somme d'argent qui appartient au Seigneur. Il attend de voir si nous

allons faire ce qui est éthiquement correct en le lui rendant pour son œuvre sur la terre. Nous n'avons encore rien donné à Dieu, tant que nous n'avons pas dépassé le dixième de notre revenu, car ce montant lui appartient déjà.

Notre première responsabilité quant à la gérance des finances consiste à rendre la dîme au Seigneur. Notre deuxième responsabilité financière consiste à donner une offrande pour l'œuvre de Dieu. Pour un chrétien, c'est une question d'éthique que d'être fidèle dans sa façon de gérer ces finances.

Il est certain que tous les chrétiens n'ont pas les mêmes moyens de donner. Certains sont bénis avec plus de ressources monétaires et en retour ils peuvent bénir davantage l'œuvre de Dieu. D'autres n'ont que de faibles revenus et, au-delà de leur dîme, ils ne peuvent pas beaucoup offrir à l'église. Une chose reste tout de même constante : Dieu bénit celui qui donne avec joie. Il bénit celui qui donne, non pas en fonction de ce qu'il donne, mais en fonction de son attitude et de son esprit lorsqu'il donne. (Voir II Corinthiens 9 : 7.) Il a été dit que Dieu regarde moins la quantité qui est donnée, mais plutôt ce qui reste après avoir donné. C'était le cas de la veuve qui a donné une petite somme — le denier de la veuve. Jésus l'a félicité pour avoir donné plus que tous les autres.

Nous savons aussi que Jésus a dit que nous recevrons en fonction de ce que nous donnons (Luc 6 : 38). Si nous donnons avec avarice, nous recevrons peu, mais si nous donnons généreusement, nous recevrons abondamment.

Donnez, et il vous sera donné : on versera dans votre sein une bonne mesure, serrée, secouée et qui

déborde; car on vous mesurera avec la mesure dont vous vous serez servis. (Luc 6 : 38)

Notre responsabilité envers les autres quant à notre façon de gérer nos finances

Parce que nous faisons tous partie du corps de Christ sur la terre, l'Église, lorsqu'un membre a mal, nous avons tous mal. Lorsqu'un membre est content, nous partageons tous cette joie. Nous formons tous un seul corps. Par conséquent, lorsqu'un membre a des problèmes financiers, les autres membres du corps devraient venir à son aide. C'est ainsi que le corps humain fonctionne, chaque organe marche pour le bon état du corps entier, et cela doit être de même pour l'Église.

Nos obligations financières ne sont pas seulement envers nous-mêmes, et pour payer nos dîmes et nos offrandes. Nous sommes dans l'obligation d'aider nos frères et sœurs lorsqu'ils sont dans le besoin. Jean a écrit : « Si quelqu'un possède les biens du monde, et que, voyant son frère dans le besoin, il lui ferme ses entrailles, comment l'amour de Dieu demeure-t-il en lui ? » (I Jean 3 : 17) Les gens verront si nous sommes des chrétiens par notre amour démontré les uns envers les autres (Jean 13 : 35). Si nous aimons nos frères et sœurs, nous ne les abandonnerons pas dans leur crise financière.

Puisque l'Église est le corps de Christ et que nous devons régulièrement nous retrouver pour adorer et fraterniser, nous avons tous une obligation financière envers l'église locale. Il y a des dépenses liées au maintien de l'église, et nous devons tous participer à ces frais. Il faut payer le prêt, l'électricité, l'eau, les assurances, et d'autres factures. Ces coûts sont la responsabilité des membres de l'église; nous ne pouvons pas

supposer que les autres prendront en charge ces paiements. Nous avons une responsabilité envers nos frères et sœurs à participer aux obligations financières de l'église.

Il existe également des coûts liés aux réunions d'église où les non-convertis peuvent venir, entendre la Parole et ressentir l'onction de l'Esprit du Seigneur. Il est de notre responsabilité d'atteindre les perdus. Une partie de cette obligation consiste à aider à payer les factures, à acheter des brochures, des documentations, et à créer des programmes d'évangélisation. Ce n'est pas uniquement le travail du pasteur d'atteindre les perdus; nous partageons tous cette responsabilité.

Il ne faut pas que nous négligions les nécessités matérielles de l'église locale. Il existe des besoins financiers qui vont au-delà de la congrégation. Il y a le financement des missionnaires et des ministères spéciaux que nous devons aider.

L'église locale n'est pas seulement un endroit que nous fréquentons de temps en temps lorsque cela nous convient, assister à la réunion puis disparaître. Nous sommes dans l'obligation de contribuer financièrement en tant que membres de cette assemblée. Il nous faut aussi prier pour les dirigeants, venir régulièrement, participer à l'entretien du bâtiment, et soutenir les dirigeants spirituellement et émotionnellement.

Notre responsabilité envers nous-mêmes concernant la gestion de nos finances

Nous avons également une obligation financière envers nous-mêmes. Premièrement, il nous faut payer la dîme à Dieu, car elle lui appartient. Deuxièmement, nous devrions toujours

penser à donner plus que cette somme et à être volontaires à contribuer aux offrandes spéciales. Mais, une bonne et fidèle gestion consiste également à épargner un montant pour nos économies futures.

Une personne ne devrait dépenser plus que ce qu'elle a de disponible. Il est parfois impossible d'éviter des frais inattendus, mais c'est une folie que d'accumuler des dettes. Cela crée des problèmes de liquidité et nous pouvons subir d'importantes pressions afin de pouvoir répondre aux obligations financières. Il est stressant de vivre avec des difficultés financières. Cependant, si nous avons bien géré notre budget et avons mis de l'argent de côté pour les imprévus, le stress sera alors plus supportable.

Une bonne gestion financière commence avec l'établissement d'un budget personnel et la connaissance des dépenses personnelles. Ensuite, il nous est nécessaire de payer nos dîmes et nos offrandes, d'avoir un plan pour payer les autres obligations mensuelles, puis d'économiser. Il n'est pas éthique d'être dépensier et de s'attendre à ce que les autres nous aident lorsque nous sommes dans le besoin.

ÊTRE FIDÈLE AVEC SES TALENTS

Un chrétien devrait faire preuve d'une gestion fidèle en utilisant les dons que Dieu lui a donnés, autrement dit ses talents. Nul n'est indispensable, mais Dieu a un plan pour chaque membre du corps de Christ. Certains sont des administrateurs et d'autres sont des enseignants ou des prédicateurs doués. Il y en a qui sont doués pour la musique, le chant ou les instruments. Certains sont bénis par des talents artistiques et créatifs. D'autres excellent dans la technologie pour travailler dans l'église. Dieu donne différents talents à

son peuple pour bénir l'ensemble du fonctionnement de son église.

Dieu donne des dons spirituels (I Corinthiens 12; Romains 12), des dons d'administration, d'aide, de gestion (I Corinthiens 12), et des dons pour le ministère (Éphésiens 4 : 7-12). Tous ces dons sont : « distribués à chacun en particulier comme il veut » (I Corinthiens 12 : 11). C'est sa décision. Il sait ce dont son Église a besoin et il donne généreusement des dons pour la croissance spirituelle et l'édification de son corps (Éphésiens 4 : 12). Chaque individu est indispensable dans le corps de Christ. Tous les membres sont importants pour son Église. Certains se sentent inutiles; ils pensent qu'ils n'ont pas de talent, mais ce n'est pas vrai. Ils n'ont peut-être pas encore découvert leurs talents, mais Dieu donne des dons à chaque membre du corps. Nous avons tous une place et un rôle important à remplir.

Peu importe notre talent, ce n'est pas ce qui est important; ce qui compte, c'est que nous l'utilisions avec diligence à l'œuvre du Seigneur. Il est important que nous soyons de bons gestionnaires des dons que Dieu nous a confiés.

DES GESTIONNAIRES DE NOTRE CARACTÈRE ET DE NOTRE RÉPUTATION

De bons gestionnaires sont fidèles dans les secteurs du temps, des finances et des talents. Alors qu'ils font preuve de fidélité dans tous ces domaines, ils démontreront la pureté de leur caractère. En observant la fidélité des chrétiens, les gens forgeront des opinions sur leur caractère, ce qui développera leur réputation. Il nous est impossible de contrôler les pensées

des gens envers nous, mais nous pouvons nous efforcer de mener une vie pure et fidèle envers Dieu et les autres.

Pourquoi devrions-nous nous soucier de ce que les autres pensent de nous, surtout si nous ne pouvons pas le contrôler ? Nous faisons de notre mieux pour sauvegarder notre réputation, car elle est le reflet de la réputation de Christ et de son Église.

Il y a plusieurs domaines de nos jours dans lesquels les croyants peuvent être piégés. Nous devons être toujours sur nos gardes afin de nous protéger contre ces tentations et les attaques de l'ennemi.

L'un des secteurs d'activités les plus dangereux provient des réseaux sociaux tels que Facebook, Twitter, ou d'autres. Les méthodes de ces réseaux sociaux contiennent un grand nombre de pièges.

En premier, les réseaux sociaux occupent trop de notre temps. Quel gaspillage de temps ! Il est certain qu'il n'y a pas de mal à passer un peu de temps sur les réseaux sociaux, ils peuvent même nous être utiles. Cependant, nous devrions faire attention à ne pas en abuser au point à devenir des victimes de la consommation excessive du temps.

Deuxièmement, il y a des gens mal intentionnés sur les réseaux sociaux. Ils cherchent à attirer leurs victimes dans des endroits immoraux ou douteux. Ils parlent de choses inappropriées et affichent des images indécentes. Il nous est nécessaire de nous tenir à l'écart de ces gens.

Troisièmement, les « amitiés » se forment sur les réseaux sociaux, et certaines risquent de devenir nuisibles à notre relation conjugale. Au mieux, ils peuvent créer la méfiance et la jalousie ; au pire, ils séduisent les gens mariés à s'engager dans des activités illicites.

Nous devons préserver soigneusement notre réputation et faire attention à ne pas nous exposer à la tentation. Il existe suffisamment de sources de tentation dans ce monde pour ne pas en rajouter.

Nous devrions faire tout notre possible pour nous conduire selon un standard d'éthique rigoureux dans tous les domaines de la vie. Après tout, le plus grand désir d'un chrétien, c'est d'entendre ces paroles immortelles lors du jugement : « C'est bien, bon et fidèle serviteur... entre dans la joie de ton maître » (Matthieu 25 : 21).

CHAPITRE 13

MAINTENIR EN CHRIST SON BIEN-ÊTRE MENTAL, PHYSIQUE ET SPIRITUEL

Je vous exhorte donc, frères, par les compassions de Dieu, à offrir vos corps comme un sacrifice vivant, saint, agréable à Dieu, ce qui sera de votre part un culte raisonnable. Ne vous conformez pas au siècle présent, mais soyez transformés par le renouvellement de l'intelligence, afin que vous discerniez quelle est la volonté de Dieu, ce qui est bon, agréable et parfait. (Romains 12 : 1-2)

Dans cette étude concernant les principes de conduite chrétienne, nous devrions considérer quelques obligations éthiques que chaque personne se doit. Les gens ne sont pas capables de traiter les autres avec respect s'ils ne se respectent pas eux-mêmes. Ceux qui manquent d'estime de soi reflètent systématiquement leur insécurité dans leurs façons de traiter les autres.

Il est important que les chrétiens se respectent afin d'être motivés à se donner entièrement au service de Dieu. Paul a dit qu'offrir nos corps était un sacrifice vivant, un culte raisonnable. Ce n'est pas raisonnable que les chrétiens donnent moins que le meilleur à Dieu. Christ nous a tout donné. Nous devrions prendre l'habitude de donner notre meilleur à Dieu, mentalement, physiquement et spirituellement.

MENTALEMENT ALERTE

> C'est pourquoi, ceignez les reins de votre entendement, soyez sobres, et ayez une entière espérance dans la grâce qui vous sera apportée, lorsque Jésus-Christ apparaîtra. (1 Pierre 1 : 13)

Premièrement, il nous faut discipliner notre esprit. Pierre a écrit que nous devrions : « ceindre les reins » de notre esprit. Il est vital de contrôler les pensées qui nous préoccupent ! Nous deviendrons exactement le genre de personne qui se trouve dans nos pensées (Proverbes 23 : 7). La discipline (ou son absence) que nous imposons à l'esprit est visible dans notre conduite personnelle et publique.

La traduction de I Pierre dans le Semeur est intéressante : « C'est pourquoi, tenez votre esprit en éveil et faites preuve de modération; mettez toute votre espérance dans la grâce qui vous sera accordée le jour où Jésus-Christ apparaîtra. »

Donc, comment tenons-nous notre esprit en éveil ?

Premièrement, nous disciplinons notre esprit à s'attarder sur les bonnes pensées, saines et positives. Dans son épître à l'église de Philippe, Paul a écrit : « Au reste,

frères, que tout ce qui est vrai, tout ce qui est honorable, tout ce qui est juste, tout ce qui est pur, tout ce qui est aimable, tout ce qui mérite l'approbation, ce qui est vertueux et digne de louange, soit l'objet de vos pensées. » (Philippiens 4 : 8). Il nous est nécessaire de réfléchir à :

1. ce qui est *vrai;*
2. ce qui est *honorable;*
3. ce qui est *juste;*
4. ce qui est *pur;*
5. ce qui est *aimable;*
6. ce qui *mérite l'approbation;*
7. ce qui est *vertueux; et*
8. ce qui est *digne de louanges.*

Combien il serait agréable de limiter nos pensées à ces choses qui édifient ! Si nous choisissons de nous pencher sur ces huit thèmes positifs, nous maîtriserons le potentiel et la direction de notre esprit.

Deuxièmement, nous disciplinons notre esprit pour apprendre l'Écriture. « Efforce-toi de te présenter devant Dieu comme un homme éprouvé, un ouvrier qui n'a point à rougir, qui dispense droitement la parole de la vérité. » (II Timothée 2 : 15) Jésus a dit : « Vous sondez les Écritures, parce que vous pensez avoir en elles la vie éternelle : ce sont elles qui rendent témoignage de moi. » (Jean 5 : 39).

Étudier l'Écriture est le moyen le plus sûr pour assimiler les principes bibliques qui changent la vie. Pour que les chrétiens mènent une vie sans honte et reçoivent l'approbation de Dieu, ils doivent s'efforcer d'étudier la Parole de Dieu et de l'observer. La Bible est pour le chrétien ce que la carte

routière est pour le voyageur, les journaux juridiques pour le magistrat, et les journaux médicaux pour le médecin. La Bible est essentielle pour nous fournir une direction vitale et des instructions pour une vie chrétienne.

Troisièmement, notre esprit est transformé par le Saint-Esprit. « Ne vous conformez pas au siècle présent, mais soyez transformés par le renouvellement de l'intelligence, afin que vous discerniez quelle est la volonté de Dieu, ce qui est bon, agréable et parfait. » (Romains 12 : 2)

Après être parvenu à la connaissance salutaire de Jésus-Christ et à une relation avec lui, notre esprit n'est plus le même. Lorsque nous recevons le Saint-Esprit, nous connaissons une radicale transformation mentale. Nos pensées sont contrôlées et influencées par l'Esprit de Christ qui demeure en nous. Au lieu de nous attarder en permanence sur les pensées de la vie charnelle, nous commençons à penser d'un point de vue spirituel. Les choses charnelles que nous recherchions dans le passé, nous ne les désirons plus, et nous commençons à avoir une forte envie des choses spirituelles dans la vie. Nous n'avions aucune attirance pour le spirituel, mais nos goûts ont changé.

Quatrièmement, nous aimons Dieu de toute notre âme. « Il répondit: Tu aimeras le Seigneur, ton Dieu, de tout ton cœur, de toute ton âme, de toute ta force, et de toute ta pensée; et ton prochain comme toi-même. » (Luc 10 : 27) (Voir aussi Matthieu 22 : 37; Marc 12 : 30.)

L'amour est l'un des attributs principaux de Dieu, et il fait intégralement partie de notre nouvelle nature rachetée. Dieu est amour (1 Jean 4 : 8, 16). Parce que nous avons reçu l'Esprit de Dieu dans notre cœur, nous recevons aussi sa nature à aimer.

Nous aimons nos frères et sœurs avec une profonde affection. Nous aimons aussi ceux qui sont perdus ainsi que nos ennemis, car l'amour de Dieu est en nous. En plus de ces nouvelles dimensions d'amour, nous aimons Dieu ardemment. Nous l'aimons de tout notre cœur, notre force et notre âme. À cause de notre amour pour Jésus-Christ, nous désirons vivre de façon éthique devant lui et devant les autres.

En plus de ces quatre moyens à préparer notre esprit pour passer à l'action, nous devons être vigilants et éviter les pièges trompeurs de Satan. Il nous faut protéger notre esprit contre les pollutions de ce monde.

David Jeremiah a écrit un article intitulé « The Porno Plague » [« Le fléau de la pornographie »]. Dans son article, Jeremiah a présenté quatre suggestions pour aider les gens à demeurer pures, bien qu'ils soient entourés d'impuretés dans un monde rempli de pornographie : (1) faites une alliance avec vos yeux; (2) consacrez votre esprit; (3) engagez-vous à mémoriser la Bible; (4) contre-attaquez la stratégie de Satan dans votre vie. Il a observé que : « L'esprit est le champ de bataille où tous les combats moraux et spirituels se font. À la fin, nos pensées sont ce qui détermine notre caractère. » (*The Rebirth of America*, The Arthur S. DeMoss Foundation)

Ces actions et mesures définies nous aideront à acquérir la vivacité d'esprit. Pierre a évoqué ce sujet de la vivacité d'esprit quand il a mis en garde contre les tactiques de Satan, dans sa première épître : « Soyez sobres, veillez. Votre adversaire, le diable, rôde comme un lion rugissant, cherchant qui il dévorera » (1 Pierre 5 : 8). Il nous est possible d'acquérir une conscience et une vigilance saines en disciplinant notre

esprit à suivre les principes vertueux et à rejeter les attraits de la tentation.

UNE BONNE FORME PHYSIQUE

Nous sommes aussi responsables de notre physique. Bien que la condition physique d'une personne ne soit pas liée à ses besoins mentaux et spirituels, la faiblesse physique peut nous gêner mentalement et spirituellement. Il est important que nous prenions soin de nos besoins physiques.

Paul a déclaré que l'exercice corporel est utile à peu de choses, mais c'est un avantage.

> Exerce-toi à la piété; car l'exercice corporel est utile à peu de chose, tandis que la piété est utile à tout : elle a la promesse de la vie présente et de celle qui est à venir. (1 Timothée 4 : 8)

Compte tenu de l'alimentation au Moyen-Orient, on peut présumer sans risque que Paul n'a pas connu les problèmes des Nord-Américains dû à la quantité de matières grasses dans leur alimentation. C'est principalement à cause de la forte teneur en gras et en calories que les Américains combattent l'obésité comme peu d'autres populations sur la terre.

Il existe maintes raisons pour lesquelles les chrétiens devraient exercer le contrôle de soi et la discipline, afin d'éviter l'obésité et les mauvaises habitudes physiques :

1. Nous pouvons vivre plus longtemps et avoir plus d'opportunités d'œuvrer pour Christ si nous prenons soin de notre corps.

2. En général, nous nous sentirons mieux et aurons plus d'énergie pour vivre et œuvrer pour Christ si nous avons la forme physique.

3. Nous refléterons une meilleure image de nous-mêmes, et représenterons Christ et son Église plus efficacement et positivement.

4. C'est dans notre intérêt de maintenir une bonne condition physique. Ainsi, nous apprécierons mieux la vie.

Faire régulièrement des exercices et suivre un régime alimentaire sain amélioreront les aspects mentaux et spirituels de notre vie ainsi que notre aspect physique.

SPIRITUELLEMENT SAIN

Le Larousse définit le mot *sain* de cette façon : « Sans pathologie ou anomalie; doué d'un bon équilibre physique; intacte, n'a subi aucune altération grave. »

En tant que chrétiens, nous devons être sains, solides et inébranlables dans notre vie spirituelle. Le seul moyen pour acquérir ces qualités est de bâtir notre vie sur le seul fondement sûr, Jésus-Christ et sa Parole. Il n'y a rien d'autre qui peut garantir l'intégrité et l'intégralité dans notre vie. Lorsque nous bâtissons notre vie sur lui, nous sommes en sécurité.

Ces disciplines nous aideront à posséder les bonnes attitudes mentales à notre propre égard, ce qui nous aidera aussi à traiter les autres avec éthique. Nous devrions discipliner nos pensées, notre esprit et notre corps pour qu'ils soient les meilleurs possibles. Et c'est ainsi que nous serons le

mieux disposés à traiter les autres avec l'amour, la gentillesse et le respect qu'ils méritent.

CHAPITRE 14

L'ÉTHIQUE AU SEIN DU MINISTÈRE

Ce chapitre n'est pas là pour remplacer les treize précédents, mais pour les compléter. Dans ce chapitre, nous allons examiner certaines applications spécifiques concernant des principes que nous avons déjà étudiés et la manière dont ils s'appliquent au ministère. Nous montrerons également d'autres obligations éthiques qui doivent être assumées par les ministres de l'évangile. Il est vital que nous comprenions les principes dont nous avons déjà discuté afin de pouvoir les appliquer aux obligations éthiques des ministres.

Le ministère est un appel de Dieu, et ne vient pas des hommes ou des institutions humaines. En parlant de son apostolat, Paul a écrit aux Galates : «Paul, apôtre, non de la part des hommes, ni par un homme, mais par Jésus-Christ et Dieu le Père, qui l'a ressuscité des morts, » (Galates 1 : 1). Le ministère n'est pas un simple choix de vocation ou d'emploi; il nécessite l'appel de Dieu dans la vie d'une personne.

Dans la Bible, le passage qui décrit le plus «l'appel» est l'expérience de l'apôtre Paul sur le chemin de Damas. Nous lisons dans Actes 9 que Saul «est un instrument que j'ai choisi» (Actes 9 : 15). Cet «appel» est une mission unique et divine donnée par Dieu pour son

œuvre (Natasha Sistrunk Robinson, « Answering the Call of God », www.christianitytoday.com).

Le ministère est un appel de Dieu qui comporte des tâches et des obligations importantes. Remplir ces responsabilités — et la façon dont une personne le fait — constitue le cœur de l'éthique ministérielle. Bien qu'elles découlent d'un flux de sujets plus vastes concernant l'éthique chrétienne, et qu'elles comprennent les mêmes principes, examinons-les plus en détail. Pour cela, nous les analyserons de quatre façons différentes : le ministre envers la communauté; le ministre envers les laïcs; le ministre envers les autres ministres; et le ministre envers sa hiérarchie.

L'éthique ministérielle envers la communauté
Le ministre de l'évangile a une responsabilité envers la communauté qu'il sert. Même si le ministre n'est pas un pasteur, les gens extérieurs à l'église jugeront l'église, l'organisation, et les chrétiens par le comportement du ministre. La personnalité et la conduite du ministre peuvent être une bénédiction ou une malédiction contre l'effort d'évangélisation de l'église dans la communauté.

Le ministre doit payer ses factures et assumer toutes ses obligations financières. Il doit être ponctuel et diligent dans la façon dont il gère ses finances au sein de la communauté. Dans ses lieux de fréquentation, on devrait reconnaître qu'il est consciencieux, honnête, respectant ses engagements financiers ou autres. On ne devrait jamais penser que le ministre est un tricheur ou qu'il n'a pas d'éthique. Les gens devraient plutôt se dire qu'ils peuvent compter sur le ministre et qu'il paie toujours ses factures en temps et en heure. Le

contraire nuirait à l'église et à la réputation du corps du Seigneur Jésus-Christ.

Je connaissais un homme qui a repris le pastorat d'une église dont le bâtiment était entièrement délabré. Lorsqu'il est allé voir son fournisseur d'énergie pour qu'ils remettent l'électricité, ils ont refusé. Apparemment, la dernière fois qu'ils avaient remis l'électricité, le pasteur précédent était censé réparer certaines choses qui n'ont jamais été faites. Après de longues discussions avec le responsable de service, il a accepté de rétablir un service minimum, juste pour le fonctionnement des outils électriques. Le pasteur précédent avait laissé un mauvais témoignage, mais le nouveau pasteur a réussi à régler la situation.

L'attitude et la disposition du ministre devraient être joyeuses, agréables et attrayantes pour la communauté. Ses habitants devraient être contents de le voir arriver. Ils ne devraient jamais l'appréhender, sachant qu'il va être aigri, désagréable, médisant ou se plaignant de quelque chose. Les gens aiment être avec des personnes agréables. Quand le ministre quitte un commerce, un hôpital ou une maison, les gens devraient être édifiés et bénis par sa visite.

Le ministre de l'évangile ne devrait jamais oublier sa position en tant qu'ambassadeur de Jésus-Christ (II Corinthiens 5 : 20). Nous sommes ses représentants dans ce monde. Les gens découvriront Jésus-Christ à travers ce qu'ils voient et ressentent en nous; ils le jugeront en fonction de la manière dont nous le représentons. Nous devrions bien le représenter et agir consciencieusement en tant que ses mains et ses pieds dans un monde qui souffre et qui a faim d'entendre l'évangile.

L'éthique ministérielle envers les laïcs

Quelles sont les responsabilités éthiques du ministre à l'égard des laïcs ? Le laïc peut être un membre de l'église du ministre, ou bien d'une autre église. Si le ministre n'est pas un pasteur, il est possible que cette personne assiste à la même église que le ministre ou à une église différente. Comment un ministre doit-il agir envers ceux qui ne sont pas ministres ?

Premièrement, le ministre ne doit pas ignorer ou mépriser les laïcs. Car, si Christ a appelé un ministre à prêcher, le ministre ne doit pas pour autant se sentir supérieur aux autres. Le ministre et le laïc sont des membres égaux du corps de Christ; Dieu les a appelés tous les deux. Ils ont seulement des appels différents et des fonctions différentes au sein du corps. Mais, aucun membre du corps n'a ni le droit ni la raison de dénigrer les autres membres du corps. Tous sont importants. Jésus les aime tous et ils ont un rôle et une place dans le fonctionnement du corps. (Voir I Corinthiens 12.)

> Ainsi le corps n'est pas un seul membre, mais il est formé de plusieurs membres. Si le pied disait : Parce que je ne suis pas une main, je ne suis pas du corps, ne serait-il pas du corps pour cela? Et si l'oreille disait : Parce que je ne suis pas un œil, je ne suis pas du corps, ne serait-elle pas du corps pour cela ? Si tout le corps était œil, où serait l'ouïe? S'il était tout ouïe, où serait l'odorat ? Maintenant Dieu a placé chacun des membres dans le corps comme il a voulu.
> (1 Corinthiens 12 : 14-18)

L'arrogance déplaît au Seigneur. Il hait un air hautain (Proverbes 6 : 16-17). (Voir aussi Job 40 : 12; Psaume 101 : 5;

Proverbes 21 : 4.) Parfois, les ministres doutent et ne sont pas sûrs d'eux-mêmes, et cela peut passer pour de l'arrogance ou de l'orgueil. Ils n'ont pas de raison de ne pas avoir confiance en eux. Le Seigneur les a appelés à une fonction spécifique dans le corps de Christ. Dieu savait qu'ils seraient capables d'exécuter cet appel, sinon il ne les aurait pas appelés. Les ministres doivent être confiants et sûrs d'eux-mêmes, sachant que le Seigneur a confiance en eux pour accomplir son appel et son œuvre.

Aimer tout le monde fait partie de cet appel. Pourquoi voudrions-nous donner l'impression à certains que nous ne sommes pas intéressés à eux ou à leurs besoins ? Les ministres doivent être amicaux et aimables, démontrant l'amour de Christ au monde entier, et surtout envers leurs frères et sœurs en Christ.

Deuxièmement, les ministres doivent inspirer la confiance et la bénédiction dans la vie des gens qu'ils rencontrent. Ce sens de joie, d'amour et de gentillesse inspirés dans la communauté doit être également communiqué à leurs frères et sœurs.

« Dois-je être sympathique envers les membres d'une autre congrégation apostolique ? » Absolument ! Pour quelle raison voudrions-nous ignorer, ne pas respecter ou éviter les autres membres du corps de Christ ? On pourrait penser qu'ils vont interpréter mon amabilité comme une invitation à quitter leur église pour venir dans la mienne. Évidemment nous ne pouvons pas contrôler ce que les gens pensent de notre gentillesse. Ils n'interpréteront notre amabilité comme une invitation que s'ils cherchent une excuse ou une raison de quitter leur église. Mais, cela ne nous excuse pas d'être hautains et distants. Il est évident que s'ils viennent dans votre

église, vous seriez obligé de leur dire qu'ils doivent informer leur pasteur. Et, leur pasteur mérite que vous l'appeliez pour éviter tout pressentiment.

Il a été dit à plusieurs reprises dans ce livre que vous devriez traiter les autres comme vous voulez qu'on vous traite. Il n'y a aucune raison d'être désagréables. La méchanceté ne reflète pas la bonne conduite ou la position d'un chrétien. Même lorsque nous expliquons à un membre errant d'une autre congrégation qu'il a besoin de retourner à son église et à son pasteur, il nous est nécessaire de le faire avec gentillesse et avec l'esprit de Christ. Si la personne retourne dans son église et qu'avec son pasteur ils sont d'accord sur le besoin de changer, seulement dans ce cas vous pourrez l'accueillir.

Si des membres d'une autre église persistent à venir dans votre église tout en sachant que cela est contre votre gré et celui de leur pasteur, il vous faudra gérer la situation convenablement. Vous devez essayer avec leur pasteur de trouver une solution convenable afin de sauver leurs âmes au lieu de les détruire. Pourquoi deux pasteurs qui ont pour but de sauver des âmes, voudraient-ils détruire un individu à cause de leurs différences, même si ces différences peuvent venir de la rébellion? Travaillez ensemble pour leur trouver une solution. Jésus-Christ les aime et il est mort pour leurs péchés, tout comme il l'a fait pour les péchés des autres. Nous devrions aimer même ceux qui ne sont pas aimables, car c'est à cela que Christ nous a appelés. Si nous limitons notre aide à ceux qui méritent l'amour et le salut, il nous restera peu de personnes à aimer et sauver, y compris nous-mêmes.

Dans le cas où une personne insiste qu'il existe un problème moral avec l'autre pasteur, ou que celui-ci ne prêche plus la vérité, la situation doit être traitée avec

beaucoup de précautions. Le principe à suivre se trouve dans I Timothée 5 : 19 — « Ne reçois point d'accusation contre un ancien, si ce n'est sur la déposition de deux ou de trois témoins. »

Vous ne devez jamais porter un jugement contre un pasteur sans être informé des deux côtés, peu importe à quel point ils peuvent être gentils, attrayants, ou financièrement stables. L'éthique exige que vous suiviez l'Écriture. Vous n'avez aucune idée de ce qui se passe vraiment dans une autre église. S'il n'y a pas deux ou plusieurs témoins, vous ne pouvez considérer leur accusation.

En l'absence de «deux ou trois témoins», suivez les étapes précédentes afin de garder la personne errante dans la foi. Ayez confiance en l'autre pasteur et coopérez avec lui pour atteindre ce but. Si les accusations s'avèrent être vraies, vous le saurez en temps voulu. Cela ne vous appartient pas de jouer le rôle d'enquêteur. Faites confiance en votre frère ou sœur et travaillez ensemble de votre mieux.

Si, en revanche, il se trouve «deux ou trois témoins», remontez les informations auprès des autorités de votre district et faites-leur confiance. Quant à vous, continuez à faire confiance en ce ministre et priez pour lui. Poursuivez la pratique de l'éthique. Appelez ce pasteur et voyez ensemble la meilleure façon d'adresser le problème que vous avez ensemble. Ne parlez pas des accusations portées contre lui. Laissez cela aux dirigeants et gardez-vous à l'écart de cette situation.

L'éthique ministérielle envers les autres ministres

La conduite éthique entre les ministres de l'évangile peut être un sujet difficile et sensible, mais cela ne devrait pas

être le cas. Les mêmes principes que nous appliquons dans les autres domaines de l'éthique s'appliquent également ici. Nous devrions aimer notre prochain et le traiter comme nous aimerions et nous attendrions à être traités.

Pensez à ceci : regardez les gens que vous servez, que ce soit en tant que pasteur, évangéliste ou enseignant. Quel genre de conduite attendez-vous de leur part ? Attendez-vous qu'ils soient aimables et gentils envers les autres ? Attendez-vous qu'ils respectent tout le monde, et surtout vous et tous les autres ministres ? Attendez-vous qu'ils gèrent bien leur temps et leurs finances, et qu'ils s'adonnent généreusement au travail du Royaume de Dieu ? Vos attentes concernant leurs attitudes et leur conduite devraient être le reflet de vos attitudes et votre conduite envers les autres ministres, et bien sûr, envers tout le monde.

Vous pouvez vous défendre en disant : « Ce ministre ne partage pas mes convictions. », « Il ne pense pas comme moi au sujet de la doctrine biblique. » « Il n'est pas aimable. » Ou bien : « Il ne vient jamais à nos réunions. » Leurs différences et leurs fautes de conduite ou de comportement sont-elles des excuses pour votre comportement et votre conduite ? La Bible enseigne-t-elle cela ?

> Nous qui sommes forts, nous devons supporter les faiblesses de ceux qui ne le sont pas, et ne pas chercher ce qui nous plaît. Que chacun de nous plaise au prochain pour ce qui est bien en vue de l'édification. Car Christ n'a pas cherché ce qui lui plaisait, mais, selon qu'il est écrit : Les outrages de ceux qui t'insultent sont tombés sur moi. Or, tout ce qui a été écrit d'avance l'a été pour notre instruction, afin que,

par la patience, et par la consolation que donnent les écritures, nous possédions l'espérance. Que le Dieu de la persévérance et de la consolation vous donne d'avoir les mêmes sentiments les uns envers les autres selon Jésus-Christ, (Romains 15 : 1-5)

Quand on lit Ézéchiel 3 : 9 et d'autres versets similaires, nous observons que Dieu a dit que la tête de son prophète était «plus dure que le roc». Il semblerait qu'il y a une corrélation éventuelle entre ce verset et le fait qu'un grand nombre de ministres semblent en général avoir la tête dure et qu'ils sont têtus. Notez les propos de *The Bible Knowledge Commentary* concernant Ézéchiel 3 : 9 :

Dieu a dit qu'il rendrait le front d'Ézéchiel dur, plus dur que le roc. Au sens figuré, le front exprime la détermination ou le défi... La détermination d'Ézéchiel ne chancellerait pas, même en face de l'opposition. Le roc, la pierre la plus dure en Palestine, était utilisé pour fabriquer des couteaux en Israël (Josué 5 : 2-3) et d'autres instruments. La force et la détermination que Dieu a données à Ézéchiel résisteront à toute sorte d'opposition (Jérémie 1 : 18). (Charles H. Dyer, "Ezekiel," dans *The Bible Knowledge Commentary: An Exposition of the Scriptures*, éds. J. F. Walvoord et R. B. Zuck, vol. 1 [Wheaton, IL : Victor Books, 1985], 1231-1232)

On peut difficilement contester l'idée qu'en général ceux que Dieu appelle au ministère possèdent une forte détermination et une grande force de volonté pour exécuter son appel.

Cependant, le fait qu'un pasteur soit fort de caractère ne justifie pas la belligérance, surtout à l'égard des autres ministres de l'évangile. Il nous faut parfois tout simplement accepter le désaccord. Il ne faut pas que nous soyons désagréables dans notre désaccord avec les autres. Comment les ministres doivent-ils agir entre eux ? Toujours avec l'amour de Dieu, la gentillesse, la compassion, l'attention et le respect. Ce sont des qualités que chaque chrétien doit posséder et démontrer envers les autres. Pourquoi ne pas nous attendre à ce que les ministres se conduisent de la même façon ?

Il serait difficile de limiter ces qualités à celles qui sont les plus vitales et importantes. Si je devais essayer de trouver les deux plus importantes, ce serait « l'amour » et la « gentillesse ». Je choisirais l'amour et la gentillesse, car ces deux qualités encouragent une personne à exhiber les autres qualités.

Le respect est également important. On pourrait dire : « Il ne mérite pas d'être respecté. » Est-ce que le Seigneur nous a traités ainsi ? Nous avons tous reçu beaucoup du Seigneur sans le mériter. En fait, la seule chose que nous méritons, c'est le jugement éternel, mais Jésus nous a quand même aimés et il a été miséricordieux envers nous. Si vous ne pouvez pas accorder à un ministère autant de respect que vous accordez aux autres, pourriez-vous au moins lui donner un minimum de respect ? Pourriez-vous donner à cette personne le respect qui est dû à tous ceux qui sont créés à l'image de Dieu ? Nous sommes tous sa création, et comme quelqu'un a dit : « Dieu n'a rien créé d'inutile ! » Et peut-être que votre appréciation pour cette personne changera avec le temps.

Nous ne sommes pas obligés de devenir les meilleurs amis avec chaque ministre que nous connaissons. Mais,

nous devons les aimer comme Christ les aime et tolérer les différences entre nous. Nous devons les respecter comme des personnes créées à l'image de Dieu, et prier pour eux en tant que nos frères et sœurs en Christ. Est-ce trop demander? Ce n'est pas l'avis de Jésus.

Lorsque Judas est venu pour trahir Jésus, Jésus connaissait exactement ses intentions, mais il l'a quand même appelé «mon ami» (Matthieu 26 : 48-50). Quel exemple! Jésus a appelé Judas son ami! Nous pouvons être sûrs que personne ne nous a traités comme Judas a traité Jésus. Pouvons-nous au moins accorder un minimum de respect et de politesse à ceux qui nous entourent? Après tout, ils sont nos frères et sœurs et collègues dans le ministère.

Voici quelques exemples de principes éthiques pour guider dans nos interactions entre ministres :

- *La confiance.* Les ministres devraient vivre d'une façon qui inspire la confiance, et ils devraient accorder cette même confiance aux autres ministres. Ils devraient accorder facilement leur confiance, et être lents à la méfiance. Ils ne devraient pas être prompts à croire aux rapports négatifs concernant les autres ministres. Il y aura des rapports négatifs qui se révéleront vrais et nécessiteront une intervention de la part du ministre. Cependant, lorsqu'il s'agit d'un rapport basé sur le commérage ou la calomnie, il nous faut donner le bénéfice du doute à la personne en question. Un ministre doit ignorer ce rapport et supporter son frère ou sa sœur en Christ. De plus, il n'est pas acceptable de propager la rumeur négative. Même s'il s'agit de la vérité, il nous faut faire preuve

d'amour, de compassion, et prier pour les victimes et ceux qui souffrent à cause de la situation.

- *La communication.* Les ministres dans une même ville ou région devraient garder la communication entre eux. Il n'est pas bon de s'exclure de la communication et de la fraternité. L'interaction permet aux ministres de maintenir la confiance et l'appréciation mutuelles. Elle permet d'être au courant des problèmes mutuels qui pourraient affecter le ministère, et élargit la dimension de la fraternité ministérielle. Si la communication reste ouverte, un pasteur n'hésitera pas à contacter un autre pasteur s'il fait face à un problème éthique engendré par les actions d'un membre. Lorsque la communication n'est pas établie — si un membre d'une église se présente de façon inattendue dans une autre — cela peut créer la méfiance et générer des soupçons concernant les motifs de la personne.

- *Le respect.* Les ministres devraient se respecter les uns et les autres, y compris ceux avec lesquels ils ont un désaccord. Chaque ministre a des dons, des talents et des intérêts différents. Nous sommes tous différents. Il faut que nous apprenions à nous respecter et à avoir une confiance mutuelle, et à laisser les gens penser et agir librement concernant les choses banales. Des conflits risquent d'arriver à cause de nos différences et il nous est nécessaire de faire une distinction entre ce qui est «essentiel» et ce qui ne l'est pas. Du moment que ce n'est pas une violation du plan du salut ou de la doctrine, nous devons accorder la liberté dans la mesure du possible.

- *L'amour.* Les ministres devraient s'aimer, même s'ils ne sont pas du même avis. Vous n'avez pas besoin d'être d'accord avec une autre personne pour l'aimer. Après tout, Jésus nous a aimés alors que nous étions pécheurs et indignes de son amour. (Voir Romains 5 : 8.) « Bien-aimés, si Dieu nous a ainsi aimés, nous devons aussi nous aimer les uns les autres. Personne n'a jamais vu Dieu; si nous nous aimons les uns les autres, Dieu demeure en nous, et son amour est parfait en nous. (I Jean 4 : 11-12)

- *La coopération.* Les ministres devraient chercher à avoir un esprit de coopération avec les autres. Ils ne devraient pas oublier qu'ils font tous partie de la même équipe travaillant pour la même cause. Nous devrions célébrer avec nos frères leurs réussites et pleurer avec eux lorsqu'ils perdent. Il ne faut jamais laisser la jalousie nous empêcher de nous réjouir des bonnes choses qui se passent dans une église voisine. Réjouissons-nous ensemble !

En 1964, la conférence générale de l'Église Pentecôtiste Unie Internationale a adopté un code d'éthique pour les ministres. L'objectif était de fournir des principes pour guider les ministres et non pas des lois pour les gouverner. À partir de ce code, nous avons découvert les principes suivants pour aider les ministres à bien se comporter entre eux. Les ministres devraient toujours :

- s'efforcer d'être de bons ministres du Seigneur Jésus-Christ;
- se préparer physiquement et spirituellement;

- sauvegarder la renommée du ministère;
- dire la vérité avec amour;
- vivre honnêtement et éviter toute dette;
- garder sacrées toutes les confidences qu'on leur fait;
- exercer l'autorité d'un dirigeant spirituel plutôt que celle d'un dictateur;
- chercher à servir au lieu d'être servi;
- mettre le service au-dessus du salaire et de la reconnaissance personnelle;
- mettre l'unité et le bien-être de l'église au-dessus de leur propre bien-être;
- chercher à conduire l'église à accepter sa responsabilité envers la communauté et le monde;
- chercher à construire l'église sans discréditer les autres églises;
- s'abstenir de solliciter les membres des autres églises;
- s'abstenir de porter un jugement sur les autres ministres;
- être juste et éthique envers les autres ministres lors d'une éventuelle position de pastorat à pourvoir;
- rompre toutes relations pastorales avec d'anciens membres à la suite de leur démission;
- s'abstenir d'évangéliser sur le secteur d'un autre pasteur sans sa connaissance et sa permission;
- s'abstenir d'accepter de prendre le pastorat d'une Église Pentecôtiste Unie qui n'est pas conforme aux Articles de foi et de la constitution de l'église mère;
- s'abstenir d'influencer les membres de l'église à s'éloigner de la fraternité ou du soutien de l'Église Pentecôtiste Unie Internationale; et

- se retirer de l'association ministérielle d'ÉPUI si leurs convictions changent et sont contraires à l'enseignement de l'ÉPUI.

En résumé, les ministres devraient aimer, avoir confiance et respecter leurs collègues-ministres. Si l'un d'eux va contacter un membre d'une autre église, il doit le faire avec des intentions fidèles au code de conduite. Il doit contacter le pasteur de la personne et tout faire pour coopérer avec ce pasteur pour le bien du Royaume de Dieu. Une personne ne doit jamais penser à son propre intérêt. Nous devons mutuellement soutenir nos efforts, nos différences et nos limites personnelles. Nous devons travailler ensemble pour la cause et la gloire de Jésus-Christ et son Église, qui ne s'arrêtent jamais et ne sont pas définies par des lignes d'affiliation de l'église locale.

Aimez Dieu, aimez la vérité, aimez les gens, et aimez l'unité et la coopération. Tout cela permettra au ministre de respecter ses obligations à l'égard du corps de Christ.

L'éthique du ministre envers sa hiérarchie

Avons-nous des responsabilités éthiques envers les dirigeants de l'organisation ? Absolument.

Premièrement, nous devons le même respect éthique envers nos dirigeants que nous devons à tout le monde. Nous leur devons de l'amour, du respect, et des interactions qui sont enracinés dans l'éthique de l'intégrité. Au-delà de ces bases, nous avons cependant d'autres obligations éthiques envers nos dirigeants. Avant d'aller plus loin dans les autres obligations éthiques, il nous est nécessaire de comprendre

quelle est la responsabilité des dirigeants de l'organisation. Considérez les points suivants :

- Le corps ministériel élit des dirigeants pour servir l'organisation, menant les efforts structurés du corps entier (national, régional, sectionnelle, ou autre).
- Les dirigeants sont élus ou désignés pour assumer un mandat, qui s'arrête à une certaine période. Le corps peut renouveler leur mandat, mais cela dépend strictement de la volonté du corps étant donné que les membres fonctionnent sous la constitution générale.
- Les dirigeants de l'organisation reçoivent l'autorité pour mener les efforts départementaux, mais ils n'ont pas l'autorité pastorale sur le corps ministériel. Ils sont obligés de travailler parmi les ministres en parvenant à un consensus, et non pas par décret dictatorial. Les dirigeants sages travailleront au travers des personnes d'influence au sein de leur église. Ils convaincront ces personnes à accepter leurs initiatives pour qu'ils puissent transmettre l'idée aux autres.
- Dieu approuve la structure d'autorité au sein de la direction organisationnelle, mais il n'existe pas une personne unique au travers de laquelle Dieu travaillera. Le corps ministériel les élit pour servir le corps des ministres dans un effort organisé à servir Dieu. Les ministres votent pour déterminer ceux qui vont diriger; et Dieu travaillera à travers et avec ceux que les ministres ont élus.

En tenant compte de ces points, les dirigeants doivent toujours se rappeler qu'ils servent Dieu, mais aussi le corps

de l'Église, les ministres et les laïcs. Les ministres qui les ont élus peuvent ne plus les réélire pour une raison ou une autre. Ceci n'est pas personnel; c'est le processus de l'organisation de l'Église. Les dirigeants ne «possèdent» pas leur fonction; mais, ils «servent» dans, et au travers de, leur fonction. Quand leur mandat est fini, ils retournent à leur ministère au sein de l'organisation, et pas nécessairement à des positions de direction.

Les dirigeants qui s'attachent à leur poste risquent un jour d'être déçus, car celui-ci s'arrêtera. Certains sont devenus cyniques et amers, se sentant trahis par le corps de l'organisation lorsqu'ils n'ont pas été réélus à leur poste. Le corps ministériel a toujours décidé qui occuperait les postes de direction. Ils ne devraient jamais oublier cela et ils devraient toujours diriger ceux qu'ils servent du mieux qu'ils peuvent, avec humilité et douceur.

Je me souviens d'une conférence où un ministre a démissionné de son poste de direction, forçant la circonscription à trouver un remplaçant. Alors qu'un autre ministre occupait un poste de soutien administratif par rapport au poste qui serait vacant, ce ministre était le candidat évident pour être promu à ce dernier. Toutefois, le corps électoral en a décidé autrement; il a choisi quelqu'un d'autre pour occuper ce poste. Le ministre en question qui s'attendait à recevoir cette position de direction était visiblement choqué et déçu. J'ai vu son visage se fermer, et ce que j'ai vu m'a effrayé. Au cours des années suivantes, j'ai vu ce ministre s'éloigner de plus en plus, pour finir par abandonner le message apostolique. Il semblerait que l'amertume suscitée par une déception l'a détruit peu à peu. Nous ne devons jamais devenir possessifs à l'égard des

positions de direction. Elles ne nous appartiennent pas; elles appartiennent à l'organisation de l'Église. De même, le corps ministériel doit respecter ceux qui ont été élus aux postes de direction. Certains pourraient être tentés de dire : «Je n'ai pas voté pour cette personne. Pourquoi la respecterais-je?» C'est la circonscription électorale qui a choisi la personne; par conséquent, le corps se doit d'honorer la personne, la respecter et coopérer avec elle. Tant que les ministres appartiennent à l'organisation, ils ont la responsabilité de travailler harmonieusement avec la direction élue. Ils doivent :

- aimer et respecter leurs dirigeants;
- prier pour eux;
- coopérer avec eux;
- coopérer avec le plan d'organisation du département; et
- soutenir les dirigeants de l'organisation.

Quelles sont les autres obligations éthiques des ministres envers leur organisation et les dirigeants de l'organisation? Ils sont obligés de coopérer et de travailler avec le corps ministériel en vue d'atteindre un effort d'organisation uni pour la cause de Jésus-Christ.

Les ministres sont obligés de payer leur dîme ministérielle ou leurs cotisations telles qu'elles sont indiquées par leur circonscription. Est-ce qu'un pasteur apprécierait le fait que les laïcs dans l'église dont il est responsable s'abstiennent de payer la dîme? Ce pasteur devrait de même payer sa dîme, sous la forme de dîme ou de cotisation ministérielle. Le pasteur se doit la courtoisie de coopérer financièrement en

payant sa dîme/cotisation et en donnant des offrandes au département.

Il existe aussi des frais pour l'entretien des locaux du district, ainsi que les besoins financiers au sein du district. Les pasteurs comptent sur les membres de l'église locale pour payer les factures, et la direction du district compte sur les pasteurs et les églises pour payer les factures du district.

Il y a d'autres secteurs où les ministres doivent participer aux efforts de la direction du district et de l'organisation. Les réunions régionales et nationales et les efforts d'évangélisation requièrent le support du district ou de l'adhésion nationale. Un ministre est obligé de faire sa part pour soutenir les efforts du district, de la section, ou des corps généraux auxquels il appartient.

Il y a aussi des règles de conduite et des affiliations que les ministres doivent observer. Ces règles ont été développées au fil des années par la circonscription ministérielle du district ou de l'organisation générale. Elles servent à l'unification et à la coopération du district entier, ou de la circonscription ministérielle, et chaque ministre (membre) a la responsabilité de les soutenir.

Le ministre a des obligations éthiques tout comme les autres chrétiens. Il a des responsabilités envers sa communauté, les laïcs, les autres ministres, et l'organisation de l'église. En restant éthique, toute chose aura sa place. Il y aura plus d'unité et d'harmonie. Il y aura moins de conflits et de souffrances, et chaque personne aura une place importante dans le corps de Jésus-Christ, l'Église. Tout commence avec des gens qui font ce qui est juste, vivant selon les principes de base de l'Écriture qui guident et dictent notre conduite. Il s'agit simplement de suivre les principes de l'éthique chrétienne.

UN STYLE DE VIE QUI HONORE JÉSUS-CHRIST ET QUI ÉVITE LES REPROCHES

L'ensemble de cette étude peut se résumer en un court commentaire. L'essence de l'éthique chrétienne consiste à mener une vie qui honore Jésus-Christ et ne suscite pas de reproche quant a son nom ou son Église.

Il a été précisé dans ce livre, et il convient de le répéter une dernière fois : l'éthique chrétienne signifie que nous devons traiter les gens comme nous aimerions être traités. Il s'agit de suivre ce que nous appelons la règle d'or. Il est nécessaire de savoir nous arrêter pour analyser nos émotions et désirs sur la façon dont nous voudrions que l'on nous traite. Nous saurons alors comment nous comporter à l'égard des autres et le ferons ainsi selon les codes les plus élevés de l'éthique chrétienne.

Il est trop facile d'ignorer les sentiments et les problèmes des autres et de ne penser qu'à soi-même. Or, l'égoïsme est à la source de la plupart des conflits dans ce monde. Nous devrions nous éloigner de notre monde égocentrique afin de pouvoir reconnaître qu'il y a d'autres personnes que nous sur

la terre qui honorent Jésus-Christ. Il les aime comme il nous aime. Jésus voudrait-il que nous les traitions avec moins de justice ou moins de douceur que nous souhaiterions être traités ? Et comment Jésus nous a-t-il traités ? Il est normal que nous traitions les autres avec la même douceur, le même amour et le même respect.

Glen Campbell, un chanteur renommé des années 70 a enregistré la chanson « Try a Little Kindness » [« Essaie un peu de douceur »], écrite par Curt Sapaugh et Bobby Austin; la chanson a connu un énorme succès. Si nous vivons selon les principes de la douceur à l'égard des autres, ce monde serait bien meilleur.

Le jour de mes quinze ans, cela ne faisait que peu de temps que j'étais dans l'église pentecôtiste. Le mois suivant, j'ai reçu le Saint-Esprit; mon enseignant de l'école du dimanche, Nail Tippy, m'a offert un livre pour mon anniversaire. C'est un livre qui m'est le plus cher parmi tous les volumes dans ma bibliothèque – *In His Steps* de Charles M. Sheldon. Le thème de ce livre est simple, mais puissant. Le pasteur qui est le personnage principal défiait sa congrégation : « Avant de faire quoi que ce soit, posez-vous la question : Qu'est-ce que ferait Jésus ? »

Pour conclure, je vous laisse avec ce même défi quand vous lutterez avec les questions d'éthique. Prenez un moment pour penser : « Qu'est-ce que ferait Jésus ? » Si vous réfléchissez sur cette phrase, je crois que vous saurez prendre la bonne décision éthique dans toutes les situations.

TABLE DES MATIÈRES